Wilhelm Heinrich Immanuel Bleek

Über den Ursprung der Sprache

Wilhelm Heinrich Immanuel Bleek

Über den Ursprung der Sprache

ISBN/EAN: 9783744601405

Hergestellt in Europa, USA, Kanada, Australien, Japan

Cover: Foto ©Thomas Meinert / pixelio.de

Weitere Bücher finden Sie auf **www.hansebooks.com**

ÜBER DEN

URSPRUNG DER SPRACHE

VON

W. H. J. BLEEK,

DOCTOR DER PHILOSOPHIE, CURATOR VON SIR G. GREY'S BIBLIOTHEK IN DER
KAPSTADT.

HERAUSGEGEBEN

MIT EINEM VORWORT

VON

DR. ERNST HAECKEL,

PROFESSOR DER ZOOLOGIE AN DER UNIVERSITAET JENA.

WEIMAR,
HERMANN BOEHLAU.
1868.

„Der Gedankenreichthum bei jedem Volk ist es hauptsächlich,
„was seine Herrschaft befestigt."   (Jakob Grimm.)

„Es ergiebt sich dass die menschliche Sprache nur scheinbar und
„vom Einzelnen aus betrachtet im Rückschritt, vom Ganzen her immer
„im Fortschritt und Zuwachs ihrer inneren Kraft begriffen angesehen
„werden muss."   (Derselbe.)

VORWORT DES HERAUSGEBERS.

Bei der heute noch üblichen Trennung der Philologie von der Naturwissenschaft wird es manchem bedenklich erscheinen, wenn ein Naturforscher ein einführendes Vorwort zu einer sprachwissenschaftlichen Abhandlung schreibt. Dennoch bin ich der Aufforderung des Herrn Verlegers, die vorliegende Abhandlung „über den Ursprung der Sprache" mit einem solchen Vorwort zu begleiten, gern nachgekommen. Einerseits bewegen mich dazu die nahen persönlichen Beziehungen, in denen ich zu dem seit dreizehn Jahren in Südafrika verweilenden Verfasser, meinem Vetter und Freunde, stehe; andererseits die enge sachliche Verbindung, in welcher der Gegenstand der Abhandlung zu meinem Berufsfache, der Zoologie, steht.

Wilhelm Bleek hat sich seit bald zwanzig Jahren mit der vergleichenden Forschung der südafrikanischen Sprachen beschäftigt, und hat seit 1851 darüber schon eine Reihe von Abhandlungen publicirt:

„De Nominum Generibus Linguarum Africae australis, Copticae, Semiticarum aliarumque sexualium. Bonnae 1851."

„Ueber afrikanische Sprachverwandtschaft" in den Monatsberichten der Berliner Gesellschaft für Erdkunde. 1853.

1 *

„On the languages of Western and Southern Africa" in „Transactions of the Philological Society, 1855, No. 4." „The Languages of Mosambique. — Vocabularies etc. London 1856." „The Library of H. E. Sir George Grey, K. C. B. Philology." Vol. I. Africa. Vol. II. Australia and Polynesia. Cape Town 1858—1859. „Reynard the Fox in South Africa. Hottentot Tables and Tales", from Original Manuscripts. London 1864. „A comparative Grammar of South African Languages. Part. I. Phonology." Cape Town & London 1862."

Bekanntlich sind die Völkerschaften Südafrika's, die Hottentotten, Buschmänner, Kaffern und andere, gewöhnlich als Negerstämme betrachtete Zweige der wollhaarigen langköpfigen (dolichocephalen) Völkerfamilie bis auf den heutigen Tag auf der tiefsten Stufe menschlicher Entwickelung stehen geblieben, und haben sich am wenigsten von den Affen entfernt. Wie von ihren gesammten physischen und moralischen Eigenschaften, so gilt dies auch von ihrer Sprache. Schon hierin lag gewiss für den Verfasser eine besondere Aufforderung und Berechtigung, die hochwichtige anthropologische Grundfrage „über den Ursprung der Sprache" in Angriff zu nehmen. Nur durch eine sorgfältige empirische Erforschung und denkende Vergleichung gerade jener sprachlichen Urzustände kann die unentbehrliche inductive Basis für die Lösung jenes Problems gewonnen werden.

Um dieses Ziel zu erreichen, hat Wilhelm Bleek keine Mühen und Opfer gescheut. Um sich wo möglich an Ort und Stelle mit den Sprachen und Völkern Afrikas vertraut zu machen, begleitete er 1854 als wissenschaftlicher Beamter der englischen Regierung die Expedition zur Erforschung des Benue (Jehadda); Krankheit jedoch zwang ihn die Expedition bevor sie den Niger hinaufstieg, zu verlassen. Nach England zurückgekehrt, traf er dort mit dem neuernannten Gouverneur der Kap-Kolonie, Sir George Grey, und dem ersten Bischof von Natal, dem jetzt berühmten Colenso, zu-

sammen. Mit dem letzteren ging Bleek dann im folgenden
Jahre nach Natal, und während der anderthalb Jahre, die
er in dieser Kolonie und im Zululande war, brachte er viele
Monate in den bienenkorbförmigen Hütten der Eingebornen
zu. (Petermann: Geographische Mittheilungen 1855, S. 55,
145, 271, 361—363; 1856, S. 362—373; 1857, S. 99 und
266; 1858, S. 418.)

Seitdem wirkte er in der Kapstadt zunächst im Verein
mit Sir George Grey, der mit dem regen Interesse, mit dem
er alle wissenschaftlichen Bestrebungen zu fördern gewohnt
ist, die grossen ihm zu Gebote stehenden Mittel benutzte,
um eine möglichst reiche Sammlung von Materialien zu einer
genauen ethnologischen und philologischen Kenntniss der
auf so niedern Kulturzuständen zurückgebliebenen Völker
und Sprachen Südafrika's zusammenzubringen. Diese Sammlung bildet einen Theil der auch anderweitig äusserst werth-
vollen (namentlich an alten Handschriften reichen) Bibliothek, die Sir George Grey bei seiner Versetzung nach Neu-
Seeland im Jahre 1861 an die Kap-Kolonie schenkte.

Neben seiner Stellung als Bibliothekar fand nun Bleek
in der Kapstadt auch anderweitig vielseitige Gelegenheit
zur näheren Kenntniss jener tiefstehenden Menschenrassen,
welche in jeder Beziehung uns an unsere thierischen Vorfahren erinnern, und die für den unbefangenen vergleichenden Naturforscher nähere Verwandtschaft mit den Gorillas
und Schimpanses ihres Erdtheils, als mit einem Kant und
mit einem Goethe zu besitzen scheinen.

Während so Bleeks vergleichende linguistische Studien
durch die unmittelbare empirische Erforschung jener nieder-
sten Stufen menschlicher Sprachbildung positiv begünstigt
werden, so genoss er durch seine langjährige Abwesenheit
von Europa auch mancherlei negative Vortheile. Fern von
dem unerquicklichen Tages-Gezänk der Europäischen Ge-
lehrten-Schulen und unbeirrt durch den Einfluss herrschen-
der Autoritäten, konnte er sich frei zu dem höheren, philo-
sophisch vergleichenden Standpunkte erheben, der für die

allgemeine Behandlung einer so fundamentalen Frage erfor-
derlich ist. Durch die weitreichende Perspective, welche
sich von jenem Standpunkte aus für die vergleichende Anthropologie ergiebt, und welche der Verfasser in seinem Vor-
worte theilweise entwickelt, wird der Leser lebhaft und viel-
seitig angeregt werden.

Dass die Abhandlung, welche schon vor langer Zeit
geschrieben wurde, erst jetzt veröffentlicht wird, kann in
so fern wohl als ein günstiger Umstand betrachtet werden,
als sie gegenwärtig einen weit empfänglicheren Boden vorfinden dürfte, als zur Zeit ihrer Abfassung. Zweifelsohne
wird ihr der ungeheure Fortschritt zu Statten kommen,
welchen unsere gesammte wissenschaftliche, und speciell
unsere anthropologische Erkenntniss seit dem Erscheinen
von Charles Darwins epochemachendem Werk, „über die
Entstehung der Arten" gemacht hat. Die organische Ent-
wickelungstheorie, welche schon im Anfange unseres Jahr-
hunderts von Lamarck und Goethe als die einzige mögliche
Erklärung aller biologischen Erscheinungen, und also auch
der anthropologischen Thatsachen, hingestellt wurde, ist
durch Darwins Selections-Theorie mechanisch-causal begründet worden. In der Zoologie, welche zunächst mehr als
alle übrigen Wissenschaften an diesem Fortschritte bethei-
ligt ist, bildet schon jetzt die Abstammungs- oder Entwicke-
lungs-Theorie Lamarcks und Darwins das unentbehrliche
Fundament. Thatsächlich ist sie als solche in der Thier-
kunde bereits allgemein anerkannt. Denn sie allein erklärt
vollkommen alle allgemeinen zoologischen Erscheinungen,
während ihre Gegner auch nicht für eine einzige von diesen
Erscheinungen eine wirklich wissenschaftliche Erklärung
haben beibringen können.

Wenn aber Lamarcks, Goethes und Darwins Lehre,
dass alle Thiere von einer einzigen oder einigen wenigen
gemeinsamen Stammformen abstammen, wirklich wahr ist —
und es ist diess ausser allem Zweifel! — wenn also wirklich diese Abstammungslehre ein grosses allgemeines Induc-

tions-Gesetz ist, so müssen wir als eine unvermeidliche Consequenz desselben, als eine nothwendig daraus abzuleitende
Deduction den Satz hinnehmen, dass auch das Menschengeschlecht in gleicher Weise auf dem langen und langsamen
Wege organischer Entwickelung und Umbildung entstanden
ist, dass es ebenso durch „natürliche Züchtung im Kampfe
um das Dasein" sich allmählich und stufenweise aus niederen thierischen Organismen, und zwar zunächst aus affen-
ähnlichen Säugethieren entwickelt hat. Wie dieser hochwichtige Satz durch alle allgemeinen zoologischen und anthropologischen Erfahrungen, und vor allen durch die individuelle
(embryologische) Entwickelungsgeschichte des Menschen positiv gestützt wird, habe ich in meiner „generellen Morphologie der Organismen" (Berlin 1866) ausführlich begründet.
(Bd. II, S. CXLI und S. 423, 432).

Dieser ungeheuere Fortschritt in der menschlichen Erkenntniss, welcher eine neue segensreiche Epoche in der
fortschreitenden Entwickelungsgeschichte des menschlichen
Geistes begründet, ist zunächst durch die grossen Fortschritte in der thierischen Entwickelungsgeschichte und durch
deren denkende Verwerthung verursacht. Aber nicht allein
die Zoologie im engeren Sinne, nicht allein die vergleichende
Anatomie und Physiologie liefert für denselben eine uner-
schütterliche inductive Basis. Vielmehr vereinigen sich in
diesem einen Mittelpunkte die, von allen Seiten her kom-
menden Resultate der Geologie und Archäologie, Völkerge-
schichte und Geographie, Anthropologie und Sprachforschung.
Sie alle bestätigen und befestigen jenes grosse und unend-
lich wichtige Entwickelungsgesetz. Welche hervorragende
Bedeutung dabei gerade der vergleichenden Sprachforschung
zukömmt, haben insbesondere August Schleichers Abhandlungen erläutert (die Darwin'sche Theorie und die Sprachwissenschaft, Weimar 1863. Ueber die Bedeutung der
Sprache für die Naturgeschichte des Menschen. Weimar 1865).

Die nachfolgende Abhandlung Wilhelm Bleeks dürfen
wir als einen weiteren hochwichtigen Beitrag zur definitiven

Lösung dieser „Frage aller Fragen" mit Freuden begrüssen. Wie ich bereits in meinen Vorträgen „über die Entstehung und den Stammbaum des Menschengeschlechts" (Berlin 1868) aussprach, wird ganz gewiss die Erkenntniss von der thierischen Abstammung des Menschen den Fortschritt seiner geistigen Entwickelung und Befreiung in ungewöhnlichem Maasse beschleunigen. Hierbei spielt aber die Erkenntniss vom Ursprung der Sprache eine hervorragende Rolle. In diesem Sinne sei Bleeks Abhandlung nicht allein den Naturforschern und Sprachforschern warm empfohlen, sondern auch allen Gebildeten, welche an dem grossen Gesetz der fortschreitenden Entwickelung der Menschheit ein Interesse haben.

Jena, den 1. Juli 1868.

Ernst Haeckel.

VORREDE.

Die Entstehung der Menschheit ist ein so neuer Akt in der Entwicklungsgeschichte des Erdlebens, und die Vorstufen, die dem Auftreten des Menschengeschlechts vorhergehen, sind uns so wohl bekannt, dass es kaum noch als etwas ausserordentliches gelten kann, wenn man den Process, der uns zu dem machte, was uns. von der Thierwelt unterscheidet, und uns auf eine höhere Bahn warf, sich zu veranschaulichen versucht. Jetzt namentlich, wo die Tendenz aller neueren Forschungen in so starkem Maasse die Idee der fortschreitenden Entwicklung in dem Bildungsprocess der organischen Welt bekräftigt, erscheint dieser Aufsatz wohl nur als ein legitimer Sprössling der Zeit. Doch muss ich in dieser Hinsicht darauf aufmerksam machen, dass er fast ganz so wie er hier abgedruckt ist, schon vor Jahren geschrieben wurde *). Jacob Grimm hatte damals einen seiner schönsten Aufsätze herausgegeben, den nur der nicht ganz passende Titel „Ueber den Ursprung der Sprache," in ein falsches Licht stellte. Im Anschluss daran hatte Steinthal in einer Schrift, die wir zu den schwächsten dieses geistvollen Denkers rechnen müssen, dieselbe Frage be-

---

*) Er bildete Theil einer Schrift, die 1853 um den Volneyschen Preis kompetirte. Die Publication derselben ist bisher durch des Verfassers langjährige Abwesenheit von Europa verhindert worden.

sprochen, ohne jedoch in irgend welcher Weise ihre wirkliche Lösung in Angriff zu nehmen. Dá galt es dem damals noch jungen, obschon nicht ungeschulten, Sprachforscher sich selbst über das, was ihm die Meister nicht erklärten, klar zu werden.

Dass die Frage jemals in dieser Weise, — der einzigen, wie mir scheint, wissenschaftlich möglichen — zu beantworten versucht worden, ist mir unbekannt.

Viele die diese Auseinandersetzung lesen, werden vielleicht nicht mit Unrecht (um sich die Sache klarer veranschaulichen zu können) fragen, in welche Zeitepoche etwa die hier geschilderten Vorgänge zu versetzen sind. Diese Frage berührt allerdings die Ergebnisse unserer Untersuchung in keiner Weise wesentlich; — aber ich sehe auch keine Ursache, warum das, was sich im Ganzen und Grossen schon als Resultat unserer Betrachtung des Verlaufes der Sprachentwicklung ergeben hat, nicht in einem Worte zusammengefasst werden möchte.

Die Art der Berechnung hier des Näheren anzugeben würde uns zu weit führen. Demnach kann ich um so weniger verlangen, dass unsere Schätzung so ohne Weiteres angenommen werde. Doch glaube ich, dass wir sehr mässig rechnen, wenn wir die Epoche der Menschwerdung auf hunderttausend Jahre vor unsrer Zeitrechnung ansetzen. Dies ist eine Schätzung, die mir schon vor Jahren die blosse Erwägung des zur Bildung der verschiedenheitlichen Entwicklung der sogenannten altweltlichen Sprachen nöthigen Zeitraumes aufzudrängen schien. Es mag aber wohl sein, dass, statt éinem, mehrere, ja viele hundert Jahrtausende der menschheitlichen Geschichte angehören.

Doch liegt die Lösung dieser Frage nicht auf philologischem, sondern auf paläontologischem Gebiete; und in dér Beziehung ist es eine wahre Freude zu bemerken, mit welcher annähernden Sicherheit man schon jetzt (wo nur noch erst wenige Länderstrecken geologisch genügend untersucht sind) zu wichtigen Resultaten gelangt ist. Wenn ich

daran denke, wie vor etwa zwölf Jahren, als ich einen Abend
im Gespräch mit einem der bedeutendsten Geologen unserer
Zeit diesen Gegenstand berührte, er die Erörterung der
Frage nach dem Alter des Menschengeschlechts und der
Epoche sowie der Lokaliät seines ersten Auftretens erst viel
späteren Stufen geologischer Forschung zuwies, und für die
Gegenwart dies als einen noch kaum möglichen Unter-
suchungsgegenstand betrachtete, — da zeigt mir in der
That die Erscheinung von Sir Charles Lyell's Buch „Ueber
das Alter und die Alterthümlichkeit des Menschen," mit
welchen Riesenschritten die Europäische Wissenschaft fort-
geschritten ist. Dies wird uns hier in der südlichen He-
misphäre, so weit von dem rührigen Getreibe des Europäischen Gelehrtenwesens entfernt, um so klarer, da uns
häufig nur die Resultate, nicht aber der tägliche Fortschritt
der Forschungen unserer nördlichen Freunde zugänglich sind.
Dass wir darum doch mit reger Theilnahme, im Ganzen
und Grossen wenigstens, dem Gange der Untersuchungen
zu folgen bestrebt sind, dies in geringem Maassstabe den
Freunden zu Hause zu zeigen, möge auch dieser Versuch
dienen.

Ich möchte hierbei darauf aufmerksam machen, dass es
mir noch durchaus nicht genügend untersucht zu sein scheint,
inwiefern die niedere Thierwelt Sprache besitzt. So weit
als ich es jetzt begreifen kann, scheint es mir, dass, was
sie der Sprache analoges besitzen, etwa dieselbe Stufe ein-
nimmt, wie der Blockdruck im Vergleich zu dem Druck
mit beweglichen Typen. Wenn man zum Beispiel in Wahrheit den Chinesen den Besitz der Druckkunst (so wie wir
sie nach Europäischen Begriffen auffassen) absprechen muss,
— so kann man auch nicht sagen, dass die niederen Thiere
im eigentlichen Sinne Sprache, zum wenigsten nicht artikulirte Sprache besitzen. Aber so wie es von dem Blockdruck zum Typendruck bloss ein Schritt ist, so liegen in
den thierischen Mittheilungsäusserungen von Gefühlen die
Ansätze, aus denen unter günstigen Bedingungen (in Folge

deren die Zersetzung der Rede in artikulirte Bestandtheile ermöglicht wurde) menschliche Sprache entstehen konnte. Diese Anschauungsweise, dass die der Menschheit mögliche Einsicht in thierischem Unverstande ihren Ursprung hat, ist für mich durchaus nicht eine erniedrigende, sondern sie scheint mir eine im höchsten Grade erhebende und hoffnungsreiche zu sein. Denn der Weg, den wir schon zurückgelegt, und die Vergleichung dessen, was wir erreicht haben, mit dém was wir verlassen, und wovon wir ausgingen, berechtigt uns zu den schönsten Hoffnungen in Bezug auf das, was unser Geschlecht möglicherweise noch erreichen kann. Wir dürfen es in der That in keiner Weise unterschätzen, was für bedeutende Errungenschaften wir durch den Besitz artikulirter Rede uns erworben haben, und in wie durchgreifender Weise uns dies von der niederen Thierwelt unterscheidet.

Bei der Besprechnng der Frage über die Stellung, die dem Menschen in einer wissenschaftlichen Klassification der organischen Wesen zukommt, scheint man mir zu häufig den bedeutenden Punkt zu übersehen, dass, obschon die Unterschiede in der Struktur des individuellen Menschen von den ihm nächst verwandten Thierarten kaum so bedeutend sind, als die zwischen den letzteren und den niederen Affen stattfindenden, — der einzelne Mensch eben nur einen untrennbaren (weil in etwaiger völliger Trennung unmöglich als Mensch fortexistirenden) Theil des ganzen Menschengeschlechts ausmacht. Dieses ist selbst als ein individueller, an Grossartigkeit in jeder Hinsicht alle anderen uns bekannten ungeheuer überragender Organismus aufzufassen. Dass die niederen Thiere nicht durch artikulirte Rede die Errungenschaften des Individuums oder der Generation zum Gemeingut der Gattung machen können, — darin liegt eben die Ursache, dass von einem Fortschritte der Gattung als solcher und demnach von einem wirklichen einigen und dadurch unvergänglichen und unsterblichen Leben derselben bei ihnen nicht die Rede sein kann. Sprachfähigkeit ist eben der Cement, der alle Theile des riesigen Organismus der Menschheit zusammenbindet, und die Aeusserungen dieser Fähigkeit entsprechen etwa der Cirkulation des Blutes im thierischen Körper. Der einzelne Mensch verhält sich zu dem eigentlichen Individuum der ganzen Menschheit nur wie eine einzelne Zelle zum Ganzen eines grossen organischen Wesens, sei es ein Thier-, oder ein Pflanzen-Individuum. Sowie aber die einzelnen Elemente eines organischen Wesens physiologisch richtig nur in ihrem Zusammenhange mit dem ganzen individuellen Organismus, zu dem sie gehören, gewürdigt werden: ebenso eröffnet sich uns das wahre Verständniss über das, was der einzelne Mensch ist, nicht sowohl durch eine Vergleichung seines Körperbaues mit dem der Thiere, die ihm verwandtschaftlich am nächsen stehen, als vielmehr durch eine richtige Erkenntniss seines Verhältnisses zu dem grossen Ganzen, von dem er nur einen infinitesimalen Theil ausmacht. Und sowie die Natur unorganischer Substanzen sich durchaus verändert, wenn sie Bestandtheile eines organischen Wesens werden: in gleicher Weise und in viel höherem Grade werden die thierischen Kräfte und Fähigkeiten afficirt, wenn (und je nach dém) den Körper des einzelnen Menschen die von seiner Stellung im Ganzen des grossen Organismus der Menschheit bedingte geistige Kraft durchdringt.

Geist nennen wir eben das Ewige und Unvergängliche im Verhältniss des Menschen zur Menschheit, dás lebenspendend den ganzen Organismus durchdringt, und ihn zu grösserer Einheit und fortschreitend höherer Entwickelung befähigt, und das jeden einzelnen Theil, ja jedes einzelne Theilchen, in grösserem oder minderem Grade durchdringt. Je nach seiner Theilnahme an diesem Lebenselemente des Ganzen bedingt sich die Bedeutung des einzelnen Menschen, — ob er in mehr thierischer Weise an den ·überkommenen Errungenschaften zehrt, oder dieselben zu höheren Entwicklungen fortzuführen thätig ist. Die innere und äussere Harmonie seines Geschlechtes in einer oder der anderen

Weise anzustreben, und die richtigen Verhältnisse der einzelnen Theile zu einander in ihren gliedermässigen Ver-
bindungen und grösseren Theilen des Gesammt-Organismus
(als z. B. der durch nähere Verwandtschaftsbande, oder
durch Gesetzesgemeinschaft, oder Sprachgleichheit zusam-
mengehaltenen Verbände der Familie, des Staates und der
Nation) zu befördern, — das sind die höchsten uns sicht-
baren Zwecke des menschlichen Daseins, die ihn zu edelen
Thaten und zu tugendhaftem Wirken von selbst anspornen
müssen. In der Erfüllung dieser Aufgaben liegt die höchste
Seligkeit, die unserem Geschlechte gegeben scheint, — eine
Seligkeit, die jedem Einzelnen in seiner eigenen Weise zugänglich ist.

Und mir scheint es dass die Erreichung solcher Seligkeit sehr erleichtert wird, wenn in dieser Weise die höchsten
Aufgaben des Menschen als die für die natürliche Betrachtungsweise seines Wesens leichtesten erscheinen. Denn sobald wir es einmal recht begriffen haben, dass das individuelle Leben und Wirken in Wirklichkeit nur ein kleiner
Bruchtheil des grossen ewigen Lebens der Menschheit ist,
und dass nur in und durch die Theilnahme an dem letzteren der einzelne Mensch wirklich lebt, und, wie wir hoffen
dürfen, ewig lebt, — dann erscheint die Anstrebung des
allgemeinen Besten nicht mehr als eine schwer zu erfüllende
Pflicht, sondern als eine Nothwendigkeit unserer Natur,
der wir um so weniger widerstehen können, je mehr wir
das wahre Wesen der Dinge erschaut haben. Und in Wahrheit ist es das Gefühl eines solchen Verhältnisses, was die
grosse Lebensquelle aller edlen und guten Bestrebungen ist.
Nicht die Furcht ewiger Verdammniss, noch die Hoffnung
einer individuellen Seligkeit sind wirklich vermögend als
wahrhaft rettende Ideen den Menschen zu höherem Dasein
zu heben; selbst wenn wir davon absehen, dass jeder dieser
beiden Grundlehrsätze des vulgären Dogmatismus doch
eigentlich nur die raffinirte Selbstsucht zum Hebel ihrer
Ethik macht.

Ob und inwiefern eine Fortexistenz der Identität des
Individuums über das Grab hinaus möglich ist, dies ist eine
Frage, mit dér gegenwärtig unsere Ethik nichts zu thun
hat, und es ist blosse Armseligkeit der ethischen Anschauung, wenn sie auf solche uns unfassbare Ideen sich stützen
zu müssen glaubt. Selbst zugegeben (was ich weder leug-
nen noch behaupten will), dass ein derartiges Fortleben des
einzelnen Menschen bewiesen wäre, so ist jedenfalls die Art
und Weise desselben uns durchaus unklar, und kann daher
schon deshalb nicht eine sichere und bestimmte Grundlage
(deren ja doch die Ethik, wie jedes andere Gebäude, nothwendig bedarf) für unsere sittliche Anschauung bilden.

Es muss aber hier vor allem durchaus geleugnet werden, dass diese Idee der sogenannten persönlichen Unsterb-
lichkeit eine specifisch christliche ist, oder in den christ-
lichen oder jüdischen heiligen Schriften ihren Ursprung hat.
Der Ahnendienst, eine Religionsweise die wohl zu den
allerältesten gerechnet werden muss, ist durchaus auf diese
Vorstellung gegründet. Allerdings wenn die durch die sexuelle
Form der Sprache hervorgerufene Personification von Natur-
erscheinungen den Himmel mit Göttern anfüllte, trat diese
Idee der persönlichen Fortdauer des Menschen nach dem
Tode einigermassen in den Hintergrund; — obschon in dem
dieser Religionsform so häufig beigemischten Heroendienste
der alte Ahnendienst in grösserer oder minderer Stärke vertreten ist.

Dass aber die moderne Theologie auf dem Grund und
Boden einer aus ursprünglicher Personification und damit
verbundener Verehrung himmlischer Erscheinungen hervor-
gegangenen Mythologie erwachsen ist, erweist höchst schla-
gend schon allein der Gebrauch der Wortes „Himmel" als
Sitz der Geisterwelt. Für die ältere Ahnenverehrung ist
im Gegentheil der Aufenthalt der Geister unter der Erde,
und das Paradies, sowie die Residenz der Götter (oder was
sich hier den Göttern Analoges vorfindet) liegt etwa in
einer Höhle. Der Himmel aber scheint für die Ahnenver-

ehrer noch keine religiöse oder in anderer Weise erhebende
Bedeutung zu haben.

Als solchem Ahnendienste huldigend finden wir noch
hauptsächlich die Nationen, welche Präfixpronominalsprachen
reden, wie die Kaffern und Negerstämme des tropischen
Afrika, und ihre oceanischen Verwandten bis nach Neu-
Seeland und den Sandwichinseln hin.

Dass jemand der während seines Lebens einen grösseren oder geringeren Einfluss auf die Geschicke seiner Familie, Stammes oder Nation ausgeübt hat, durch den Tod
von solcher Kraftäusserung abgeschnitten werde, — scheint
der Betrachtungsweise namentlich dann fast unmöglich, wenn
Viele gewohnt gewesen sind, mit Verehrung zu ihm empor
zu sehen. Der Stammhäuptling z. B. in polygamistischen
Kulturzuständen (und fast alle ahnenverehrenden, Präfixpronominalsprachen - redenden Völker sind Polygamisten)
zählt seine Kinder wohl bei Dutzenden, und die Enkel bei
Hunderten, wobei die Zahl der Schützlinge und anderer
Untergebenen, für die er gleichfalls ein rechtlicher Vater
ist, gewöhnlich noch weit grösser ist. Für alle diese ist
sein Wort Tod und Leben, ihr ganzes Dasein scheint von
ihm abzuhangen. Sie wissen, dass es ihnen nur wohl geht,
und sie nur dann gedeihen können, wenn er ihnen huld-
reich gewogen ist. Um ihn zu versöhnen, wenn er zornig
ist, oder seine Gunst zu gewinnen, wenn man etwas von
ihm wünscht, oder um ihm zu danken für das empfangene
Gute, werden ihm Gaben dargebracht von solcher Art,
wie sie ihm am meisten zusagend gedacht werden. Wie
ist es dann wohl möglich, dass ein solches erhabenes Wesen
sterblich sei, und im und durch den Tod seine den Stamm
leitende Kraft so ganz verlöre! Noch immer — dies hält
der Glaube fest — liegt dem Verblichenen das Heil seiner
geliebten Kinder am Herzen, noch immer übt er auf ihre
Geschicke einen bedeutenden Einfluss aus, und noch immer
kann er den Einzelnen je nach Willkühr glücklich oder un-
glücklich machen. Seine Gunst ist es, der sie noch fort-

während alles Gute verdanken, und vor seinem Zorne verdunkeln sich ihre Geschicke. Auch jetzt noch kann man ihn durch Gaben und Opfer sich geneigt machen, ihm mit Lobpreisungen schmeicheln, und mit Bitten ihn angehen. Wie dies der wahre Ursprung alles Gottesdienstes und selbst der Versöhnungslehre der modernen Theologie ist, wird sich aus einer Verfolgung der Entwickelungsgeschichte der religiösen Anschauungsweise ergeben.

Der Ahnendienst erscheint in der obigen Weise (die augenscheinlich seine ursprüngliche Form ausmacht) sehr natürlich, hat aber in seiner verschiedenartigen Ausbildung (als solcher und durch die von ihm ausgehende Ansicht von dem leiblichen Fortleben der Dahingeschiedenen) oft zu den wunderlichsten Ideen geführt, — wie z. B. wenn bei den Neuseeländern die schlimmsten Plagegeister die Seelen vor der Geburt gestorbener Kinder sind. Und was für abenteuerliche Vorstellungen und selbst humoristische Züge würde eine Geschichte der Gespensterlehre, selbst wenn sie sich bloss auf europäischen Boden beschränkte, zu Tage fördern! Freilich scheint es uns befremdend, wenn wir hören, dass mongolische Völker und selbst die alten Perser solche der Verstorbenen, die jung dem Tode verfielen, sobald sie im Grabe heirathsfähiges Alter erreicht hatten, mit einander oder gar mit noch lebenden Genossen trauten, und solches Hochzeitsfest feierlich begingen. Doch wie manches sentimentale Mädchenherz in unseren gebildetsten Kreisen hat sich nicht an dem Gedanken erbaut, dass ein Herz dem ihrigen entsprechend existiren müsse, mit dem sie entweder hienieden oder im Jenseits in unauflöslicher Einheit verbunden würde! Jene roheren Völker haben diesen Gedanken eben nur in der sinnlichsten Weise durchzuführen gesucht.

Dem Ahnenverehrer erscheinen seine Götter (wenn wir Götter die Objekte seiner Verehrung nennen wollen) am häufigsten in Träumen, thun ihm so ihren Willen kund, und verkünden ihm selbst zukünftige Ereignisse in zutref-

2

fender Weise, wenn dem Träumenden die Traumgeister (die
als solche im Zulu *aMa-tongo* 6, als Plural von *i-Tongo* 5,
ein Traumgeist, heissen) gewogen sind. Zürnen sie ihm
aber, dann umgaukeln sie ihn mit trügerischen Verheissun-
gen, deren Nichterfüllung desshalb den Zorn der Traumgeister verkündet. Um diese zu versöhnen, müssen dann
entweder Opfer gebracht werden, oder Reinigungen müssen
zu diesem Zwecke verrichtet werden. *)

Dies ist der Anfang einer ethischen Anschauung, in der
jede unserer Handlungen und Gedanken in ihrer Beziehung
auf ein unsichtbares, blos von der Einbildungskraft fest-
gehaltenes Object betrachtet wird; und in dieser Entwickelungsperiode des religiösen Lebens beginnt man sich daran
zu gewöhnen, mehr oder minder in Schicksalen und Ereig-
nissen das Werk der Affekte menschlich wollender — doch
nicht als Menschen erscheinender — Geister zu sehen. Diese
sich günstig zu stimmen, oder, wenn sie grollen, sie zu versöhnen, ist natürlich Pflicht wie Wunsch des gläubigen Ahnen-
verehrers.

Seinen Glauben bekräftigen dann ausser den Traum-
bildern auch wohl noch am Tage sichtbare Erscheinungen
der Geister der Verstorbenen, meistens in Thiergestalt,

------- — —

*) Bei einem Besuche an dem Hofe des Zulukönigs *Mpande* sah
ich eines Tages unter der Menge der um Gaben mich ansprechenden
Höflinge mehrere Frauen eines der vornehmsten Zulufürsten. Von
diesen bat die jüngste mich um eine ganz bestimmte Sache, eine Art
Schmuck, wie er im Zululande getragen wird. Ich bot ihr ein anderes (und zwar, wie ich wohl annehmen darf, in ihren Augen eben so
werthvolles) Geschenk an. Sie aber beharrte auf ihrer ersten Bitte,
mit der Hinzufügung des Grundes, dass sie geträumt habe, ich werde
ihr das jetzt von ihr erbetene geben. Leider bestand ich unbarmher-
zig auf meiner Verweigerung, — und ich würde in der That wohl
bald um alle meine Habe gekommen sein, wenn ich einmal angefangen
hätte, den Zulus nach ihren Träumen Geschenke zu machen. Trau-
rig verliess mich die junge Dame, klagend dass der Traumgeist sie
betrogen, und dass sie nun vor ihm sich zu reinigen haben werde.

z. B. als Schlangen, wie sie unter den Zulus am häufigsten auftreten.

Es findet jedoch hiermit allerdings keine Personification des Thieres in der Weise statt, wie wir es etwa in der Fabelwelt unserer frühesten Literatur sehen. Die Einbildungskraft der Ahnenverehrer lässt gewöhnlich das Thier sogar nicht einmal als mit menschlicher Rede begabt auftreten, sondern nur in der thiereigenen Stummheit Akte verrichten, die ganz innerhalb thierischer Capacität sind, die aber in den Thierindividuen, in welche die Seelen Verstorbener eingetreten sind, als von den letzteren ausgehend betrachtet werden. Die Schlange als *iχlozi* 5. (oder Ahnengeist,) schlüpft bei den Zulus in den entlegensten Winkel der Hütte, um an den dort als Opfer aufgehängten Fleischstücken sich zu laben, oder sie tritt wohl im Kampfe auf mit anderen Schlangen, die wohl *aMa-χlozi* 6. solcher Verstorbenen repräsentiren, denen der durch die erstere Schlange vertretene Geist im Leben feindlich war.

Die Geisterwelt der reinen Ahnenverehrung unterscheidet sich durch das charakteristische Merkmal, dass die menschlich wollenden Wesen (die hier entweder unsichtbar sind oder nur als Thiere oder in anderer nicht-menschlicher Weise sichtbar werden) stets wirkliche Menschen gewesen sind. Von einer Personifikation der Thierwelt (wie eine solche in unsern Fabeln stattfindet) oder gar anderer Dinge (wie namentlich in unseren Mythologien) weiss diese uranfängliche prosaische Anschauungsweise noch nichts.

Ein solcher poetischer Aufschwung der Einbildungskraft tritt erst auf mit und in Folge einer Entwickelung der sprachlichen Form, die ihren Resultaten nach zu urtheilen, jedenfalls zu den bedeutsamsten gerechnet werden muss. Doch um dies klar zu machen, muss ich etwas weiter ausholen.

Für die meisten von uns (ja wir dürfen ohne Uebertreibung sagen, für wohl neun tausend neun hundert neun und neunzig unter zehntausenden), die in ihrem ganzen

2*

Leben nur in sexuellen Sprachen sich bewegen *), erscheint
die sexuelle Geschlechtsunterscheidung der Nomina als eine
beinahe selbstverständliche, in der That wohl ganz natürliche
Sache. Ja viele (und um nur einen der erhabensten Namen zu
nennen, z. B. Grimm in seiner deutschen Grammatik, dieser
Riesenarbeit tiefer Forschung), haben in der Art unserer Geschlechtsunterscheidung eine tiefsinnige, fein ausgedachte poetische Anschauungsweise der Natur der Dinge erkennen wollen.

Nur der praktische Sinn der Engländer, die selbst thatsächlich die ursprünglichen Geschlechtsverhältnisse beinahe
ganz rationell umgewandelt haben, fragt mit Verwunderung,
warum doch eigentlich z. B. im Deutschen die Flasche an-
scheinend eine Dame sei, oder der Tisch ein Herr.

Die Geschichte der Sprachentwickelung nun zeigt uns,
dass der Geschlechtsunterschied der Nomina in unseren
Sprachen auf keiner beabsichtigten Eintheilung der durch
sie ausgedrückten Begriffe beruht, sondern auf einer ursprünglichen Vertretbarkeit der Nomina durch deren we-
sentlichste Bestandtheile, die aber sonst (wenn sie nämlich
nicht in dieser Weise als Pronomina gebraucht werden) selbst-
ständig nicht mehr vorkommen. Die in dieser Weise durch
dieselben Pronomina vertretenen Nomina bilden dann eine
Klasse, deren Ausdehnung und Charakter anfänglich von dem
mehr oder minder ausgedehntem Gebrauche des zur Vertre-
tung der Nomina dienenden Nominalbestandtheiles abhängt**).

In dieser Weise finden wir in den Präfixpronominalsprachen eine grosse Anzahl (in einigen sogar bis achtzehn) Nominalklassen, oder Geschlechter, von denen aber keines irgend
eine Beziehung auf den Geschlechtsunterschied hat. In diesen
Sprachen sind eben die Wörter, mit denen Mann und Weib

---

*) Denn fast alle Europäischen, sowie die übrigen Arischen
Sprachen (auch die Semitischen und selbst das Aegyptische), in der
That fast alle Kultursprachen, gehören zur sexuellen Sprachfamilie.

**) Ich muss hier auf den zweiten Theil meiner Vergleichenden
Grammatik der Südafrikanischen Sprachen verweisen, der jetzt im
Drucke begriffen ist.

genannt werden, ni cht in verschiedenen Klassen, weil sie
nicht mit verschiedenen Ableitungssilben gebildet sind. Die
Namen menschlicher Wesen sind im Gegentheil hier im Sin-
gular gewöhnlich zusammen in einer und derselben Klasse,
mit einer entsprechenden Pluralklasse.

Diese Absonderung der sprachbegabten Wesen als einer
besonderen grammatikalischen Klasse .scheint zu jener spe-
cifischen Hervorhebung derselben geführt zu haben, die man
wohl als ˙den Grund der Ahnenverehrung betrachten muss,
die ja die Grundlage der Religion fast aller Präfixpronominalsprachen redenden Völker bildet.

In denjenigen Suffixpronominalsprachen hingegen, welche
wir als zur sexuellen Familie gehörig bezeichnen, bildeten
sich in obiger Weise keine gemeinsamen menschlichen Klassen, — sondern da die Wörter für Mann und Weib mit
verschiedenen˙Ableitungssilben gebildet waren, so wurden sie
auch durch verschiedene Pronomina vertreten, und befanden
sich demnach in verschiedenen Nominalklassen oder Ge-
schlechtern. Dass nun z. B. die Nominalklassen, in denen die
Wörter für Mann und zugleich die allermeisten männliche Wesen ausdrückenden Nomina sich befanden, hierdurch den Charakter des männlichen Geschlechts aufgedrückt erhielten, war
wohl bloss natürlich. Wenn der Gebrauch eines Pronomens,
welches bei Wörtern, durch die menschliche Wesen bezeichnet wurden, einen geschlechtlichen Unterschied andeutete, sich
auch auf unbelebte Gegenstände ausdehnte, so wurde hierdurch
von selbst eine Unterscheidung derselben nach Analogie des
persönlichen Geschlechtsunterschiedes an die Hand gegeben.

Die Dinge aber sich zu veranschaulichen, als wenn sie
wie Mann und Weib zu einander ständen, und daher von
den tiefgehendsten und umfassendsten Affecten bewegt wären,
— dás hiess sie im höchsten Grade vermenschlichen, und
hierdurch ihnen ein Interesse von besonders hoher Bedeutung
verleihen, sowie sie es an und für sich für den ihres inneren
Zusammenhanges und der Macht, die ihre Erkenntniss dem
Menschen verleiht, Unkundigen in keiner Weise anders ha-

ben konnten. Was uns von einer unserer eigenen analogen
Willenskraft geleitet scheint, und worin wir Leidenschaften
und Triebe menschenähnlicher Natur vermuthen, dás muss
uns von vorneherein schon interessiren, und tritt dadurch
sogleich in mythischer Weise mit uns in besondere Beziehung.
Tausende von Beispielen könnten dies illustriren, und es
uns zu Gemüthe führen, wie sehr eine Personification leb-
loser Dinge, oder eine Vermenschlichung unpersönlicher Wesen die Beobachtungsgabe schärft, und zur besseren Auffassung der wirklichen Verhältnisse der Dinge uns anspornt.

Ist es daher wohl etwa zufällig, dass die Nationen,
welche in wissenschaftlicher Erkenntniss irgend etwas ge-
leistet haben, fast alle sexuelle Sprachen sprechen *)? Jedenfalls gehören zu dem sexuellen Sprachstamme die Sprachen
der Aegypter, Babylonier, Hebräer, Phönizier, Araber, der
alten Inder, Meder, Griechen und Römer, Deutschen und
aller diesen sprachverwandten Völker.

Andrerseits unter der grossen Menge der Nationen,
welche Präfixpronominalsprachen reden, und von denen viele
doch auch grosse politische Verbände bilden, hat keine einen
irgend nennenswerthen Beitrag zur wissenschaftlichen Erkenntniss geliefert; und nicht ein einziges Individuum,
das als Denker, Erfinder oder Dichter gross genannt werden
könnte, ist aus ihnen hervorgegangen. Diese Thatsache ist
unzweifelhaft die Folge einer organischen Unfähigkeit, deren
Grund offenbar in dem Mangel an einer poetischen Auf-
fassungsfähigkeit des Wesens der Dinge liegt. Die gram-
matikalische Form ihrer Sprachen gibt eben der Einbildungs-

---

*) Inwiefern in dieser Beziehung Japanesische und Chinesische
Wissenschaft eine Ausnahme macht, wage ich nicht in Betracht zu
ziehen, — besonders da es noch so unsicher ist, ob nicht die Chinesische Sprache zum wenigsten als ursprünglich dem sexuellen
Sprachstamme angehörig anzusehen ist. Manche Anzeichen scheinen
zu verrathen, dass mit anderen formalen Elementen auch die gram-
matikalische Geschlechtsunterscheidung des Nomens hier verloren
gegangen ist.

a

kraft nicht den höheren Schwung, den die Form der sexuellen Sprachen mit unwiderstehlicher Kraft dem Gedanken-
gange der sie Redenden aufprägt. In dieser Weise erklärt es sich, weshalb die Redeweise
und daher auch die Anschauungsweise der Präfixpronominal-
sprachen redenden Völker auffallend practisch-prosaisch ist.
Von Poesie sowie von Wissenschaft, Mythologie und Philosophie ist bei ihnen so gut wie gar nicht die Rede.

Die Form einer sexuellen Sprache, indem sie Sympa-
thien auch für das nicht durch menschheitliche Gemeinschaft
mit uns verbundene in uns anregt, führt zunächst zur Vermenschlichung von Thieren, und giht in dieser Weise namentlich Anlass zur Schöpfung von Fabeln. Selbst auf der
niedrigsten Stufe nationaler Entwickelung finden wir die Hot-
tentottensprache von einer Fabellitteratur begleitet, nach
derengleichen wir uns vergebens unter den Litteraturen der
Präfixpronominalsprachen umsehen.

Doch führt die Vermenschlichung von Thieren und die
Personifizirung unpersönlicher Dinge nicht an und für sich
dazu, dass dieselben Gegenstände der Verehrung werden.
Erst wenn Objecte personificirt werden, deren Macht, wenn
als menschlich belebt gedacht, offenbar bei weitem die
Macht des einzelnen Menschen übersteigt, macht sich das
Gefühl einer bedeutenden Ueberlegenheit geltend, das an
und für sich das Gemüth zur ehrfürchtigen Betrachtung
derselben geneigt macht.

Auf der niedrigsten Kulturstufe, die wir unter Völkern
mit sexuellen Sprachen antreffen, bei den Hottentotten, findet eine solche religiöse Auffassung der Himmelskörper
eben deshalb nur in so geringem Maasse statt, weil die zu
einer verehrenden Anschauung schon nothwendige Erkenntniss von der Bedeutsamkeit ihrer Bewegungen sich noch zú
wenig entwickelt hat. Doch finden wir schon die Anfänge
einer mythologischen Auffassung derselben selbst unter diesem Volke. Aber es zeigt die Art und Weise, wie hier in
allen Mythen und selbst in der bedeutsamsten von dem Ur-

sprunge des Todes, Sonne und Mond mit Thieren zusammenwirken, dass hier Mythus und Fabel noch nicht getrennt sind. Zunächst scheinen hier namentlich die Phasen des Mondes die Aufmerksamkeit zu erregen. Die allmählige Abnahme und Zunahme der Erscheinung dieses Himmelskörpers gibt ihm so augenscheinlich das Ansehen eines wachsenden und wieder vergehenden Wesens, das seine Personification sich leicht an die Hand geben mochte. Es ist daher nicht unwahrscheinlich, dass die Verehrung des Mondes die früheste Phase des Gestirndienstes bildete. Von den Hottentotten erzählt uns Kolb (im allgemeinen ein zuverlässiger Berichterstatter), dass sie dem Monde göttliche Verehrung erwiesen. Der Mond (*//khǟp*)*) ist bei ihnen, wie in den Alt-Germanischen Sprachen männlichen, die Sonne (*soris*) hingegen weiblichen Geschlechtes.

Ueber die Sonne selbst enthält der hottentottische Fabelkreis auch schon Mythen; und obschon ihre mehr gleichmässige Erscheinung nicht so unmittelbar zur Personifizirung Veranlassung geben mochte, als die viel mehr variirende des Mondes, so musste sie doch jedenfalls bald der Personifizirung des letzteren folgen **).

----

*) // ist der laterale Schnalzlaut, *kh* ein gutturaler Konsonant, und ‿ zeigt die nasale Aussprache an.

**) Der Sonnen- und Monddienst vieler amerikanischen Völkerschaften erlaubt zwei Erklärungen. Entweder nämlich ist die Civilisation dieser Völker von der der sexuellen Nationen abzuleiten, und ist daher wahrscheinlich von Asien zu ihnen hinübergewandert, oder die Sprachen dieser amerikanischen Kultur-Nationen (oder wenigstens einige derselben) gehörten auch ursprünglich zu dem sexuellen Sprachstamm. Im letzteren Falle können wir mit Sicherheit annehmen, dass sich noch Spuren einer solchen ursprünglichen Zusammengehörigkeit bei gehörig genauer Forschung entdecken werden lassen. Dass der Präfixpronominalstamm Sprösslinge nach Amerika hinübergesandt hat, scheint mir keinem Zweifel unterworfen, obschon die Sprache, in der ich Spuren dieses Sprachstammes entdeckt zu haben glaube (die der Dakotas) zu ihm vielleicht nur in dem Verhältnisse steht, wie das

Ein weiterer Schritt war es schon von der Verehrung
des Mondes und der Sonne zu einem allgemeinen Gestirn-
dienste. Sobald es hierzu gekommen war, folgte auf der
einen Seite die Entwickelung einer mythologischen Betrachtungsweise, deren ˋletzter Ausläufer unsere Theologie ist,
und auf der andern Seite stellten sich Astrologie und deren
ältere überlebende Schwester Astronomie ein. Gerade durch
die letztere aber wurde zuletzt der Nebelschleier gelüftet, mit
dem Mythologie und Theologie unser ganzes Dasein umhüllt
hatten.

Jedenfalls war eben diese poetische Anschauungsweise
eine höchst bedeutsame Durchgangsstufe zur Erreichung einer
wirklich wissenschaftlichen Erkenntniss. Scheint es doch
als wenn die Himmelskörper im ewigen Tanze begriffen,
und als thatkräftig in die Geschichte der einzelnen Menschen
eingreifend erscheinen mussten, als ob ferner die Elemente
von Geistern bewegt und das Weltall von einem menschlich
wollenden und daher menschlich beschränkten Wesen geleitet gedacht werden musste, — damit das Interesse am
Dasein von Wesen, die uns in dieser Weise verwandt und
daher in näherer Beziehung zu stehen schienen, uns zu
einem tieferen Studium der Erscheinungswelt aufmuntere,
und wir soˋ der Erkenntniss des letzten Grundes alles Daseins ein klein wenig, und dem Verständniss des gegenseitigen Verhältnisses der uns zunächst liegenden Gegenstände
bedeutend näher rückten.

Sobald als nun durch die Sprachform angeregt die Einbildungskraft entweder Himmelskörper oder andere dem
einzelnen Menschen mit riesiger Macht begleitet erschei-
nende Gegenstände oder Abstractionen sich vermenschlicht

Englische zu den Romanischen Sprachen. Sowie aber der jetzige
Zustand des Englischen Zeugniss von der früheren Existenz des Nor-
männisch-Französischen in England ablegt, ebenso scheinen mir deut-
liche Kennzeichen im Dakota zu beweisen, dass es lange Zeit unter
dem Einflusse von Präfixpronominal-Sprachen zugebracht hat.

dachte, musste es sich beinahe von selbst machen, dass die
Verehrung, die bisher den Geistern der grossen Verstorbenen gezollt war, auf diese neuen grossartigen, ebenfalls
nicht in menschlicher Hülle dem Auge erscheinenden Personen sich übertrug. Alle Veränderungen, die man an ihnen
beobachtete, wurden natürlich als Zeichen ihrer Laune, als
Merkmale ihrer günstigen oder ungünstigen Stimmung betrachtet.

So wendete sich allmählig der aufschauende Blick der
Verehrung von den Geistern der Verstorbenen immer mehr
den vorausgesetzten Naturgeistern zu, — und dies in desto
stärkerem Grade, je mehr mit wachsender Einsicht die Bedeutsamkeit der Naturkräfte erkannt wurde. Die Gunst
dieser ′erhabenen Persönlichkeiten zu gewinnen, und ihren
Zorn von sich abzuwenden, musste nun das Hauptmotiv des
religiösen Lebens werden.

Die Gestaltungen der sogenannten religiösen Idee, oder
(um korrekter zu sprechen) der mythologischen Anschauungsweise von dem Wesen der Gottheit durch alle ihre
mannichfaltigen Stufen und Verzweigungen zu verfolgen,
liegt ausser dem Bereiche einer blossen Vorrede. In dieser
Beziehung wollen wir nur bemerken, dass im Allgemeinen
wohl höhere ethische Ideen zusammengehen mit einer tieferen
Auffassung des Wesens der Gottheit, und dass wiederum die
Art einer solchen Auffassung wesentlich von dem Stande
der wissenschaftlichen Erkenntniss und dem Charakter der
Erkennenden abhängt.

Als der grossartige Wendepunkt, an dem sich die mythologische Auffassungsweise bricht, muss aber das Aufgeben
der Idee einer nothwendigen Versöhnung bezeichnet werden.
Denn im Grunde sind doch alle sogenannten religiösen Anschauungen, die sich darauf basiren dass eine oder mehrere
unsichtbare Persönlichkeiten zu versöhnen sind, wesentlich
desselben Charakters. Es findet keine absolute (obschon
eine relativ sehr bedeutende) Verschiedenheit statt zwischen
dem religiösen Gefühle des Kaffern, der seine Vorfahren

anfleht ihm seine Vergehungen zu verzeihen, und der tiefsten Sündenzerknirschung eines in den Vorstellungen der vulgären Theologie befangenen Büssers. In beiden ist die mythologische, anthropomorphische Anschauungsweise von dem Wesen der Gottheit als eines in menschlicher Weise gleichsam zu besänftigenden oder zu versöhnenden Wesens der Grundhebel des Abhängigkeitsbewusstseins und der religiösen Stimmung.

Erst wenn der Mensch die Unmöglichkeit eines menschenähnlichen Wesens als letzten Grundes alles Daseins erkannt, und in ehrerbietiger Bescheidenheit sich seine Unwissenheit über die Natur des Urgrundes der Dinge eingestanden hat, — lernt er einsehen, welche kleinliche Ansicht er auf jeden Fall von dem ihm als höchster Verehrung würdig erscheinenden Wesen hat, wenn er mit seiner beschränkten Erkenntniss in irgend einer Weise das Wesen der Gottheit zu begreifen und ihre Plane und Ideen zu verstehen meint. Dies aber thut alle Theologie, die demnach an und für sich uns eine Vermessenheit erscheint, — eine Vermessenheit, der allerdings die meisten Theologen sich nicht bewusst sind. In gleicher Weise hatten auch die Astrologen wohl selten eine Ahnung davon, wie sehr sie den Faden der wissenschaftlichen Forschung durchschnitten, wenn sie die Beziehungen, in denen die Gestirnwelt zu uns steht, schon erkannt zu haben meinten.

Damit ist natürlich nicht gesagt, dass die Leistungen aller sogenannten Theologen für die Wissenschaft von keiner Bedeutung sind. Im Gegentheil, sowie die wirklichen Studien und Beobachtungen der Astrologen häufig der Astronomie zu Gute kamen, — so werden viele von den Arbeiten sogenannter Theologen ihren Werth behaupten als bleibende Beiträge zur Wissenschaft. In dieser Beziehung ist es ein befriedigendes Gefühl zu wissen, dass jedes ehrliche und ernstliche Streben nach der Wahrheit (wie sehr man auch in Bezug auf Methode und Grundansicht dabei im Dunkeln tappen mag) nicht wohl ohne seine Frucht bleibt. In der

That ist es die Theologie selbst, und hauptsächlich die aus
ihr hervorgewachsene Philosophie, die (indem sie es mit ihrer
Aufgabe ernstlich nimmt, und die theologischen Grundlehrsätze in ihrer Consequenz ausführt) uns so das Haltlose
und Unbefriedigende derselben vor Augen führt. Dies kann
sie aber nur thun, wenn sie wirklich mit der Schärfe wissenschaftlicher Methode die Gebilde der Vergangenheit in's
Auge fasst, und sich nicht bloss poetisch mit ihnen aus-
söhnt.

Wenn wir so die theologische Anmaassung als ein aus
der mythologischen Stufe überkommenes heidnisches Element
abzustreifen suchen, so muss hingegen das wirkliche religiöse
Gefühl als aus der Fülle des Selbstbewusstseins hervorgehend
an Intensität zunehmen mit der geistigen Weiterentwicklung
der Menschheit als solcher. Es gewinnt namentlich an Stärke
durch und mit der durch grössere wissenschaftliche Klarheit
geförderten tieferen Einsicht in das Wesen der Dinge. Wenn
die Färbung der theologischen Voraussetzungen eben nur
zur Schwächung des religiösen Sinnes beiträgt, — so ist
hingegen das demüthige Geständniss der Unzulänglichkeit
aller theologischen Definitionen die Grundvoraussetzung einer
klaren religiösen Stimmung.

Bevor ich dies Vorwort schliesse, wünsche ich noch zu
bemerken, dass in dieser Abhandlung (als vom philologischen
Standpunkte aus unternommen) die natürlich unleugbare
Thatsache des unmittelbaren Zusammenhangs der Sprachfähigkeit im Menschen mit der besonderen Beschaffenheit
seines Gehirns nicht in Betracht gezogen worden ist. Es
mag sein, wenn die Fortschritte der Physiologie diesen Punkt
in ein helleres Licht gesetzt haben, dass auch durch ihn
Beiträge zur Entstehungsgeschichte der Sprache geliefert
werden mögen. Vorläufig aber sehe ich noch keinen Grund,
weshalb nicht die Entwicklung und Verfeinerung der Ge-
hirnmassen und die damit wohl verbundene Sprachfähigkeit
und höhere Denkfähigkeit als Resultate einer andauernden
energischen Anstrengung von mehr ursprünglichen Gehirn-

formen zu betrachten seien. Wie sehr die Beschaffenheit
des Gehirnes von der grösseren oder geringeren Thätigkeit
desselben abhängt, ist ja allgemein bekannt. Was nun zu
dieser höheren Gehirnthätigkeit, die zu der Entwickelung der
das menschliche Gehirn unterscheidenden Merkmale geführt
hat, Veranlassung gegeben, — wie Entwickelungsprocesse
niederer Fähigkeiten und Triebe eine neue Kraft hervorgebracht haben, durch die natürlich auch das Gehirn in ganz
besonderer Weise afficirt sein wird, — das zu untersuchen,
ist hier versucht worden.

W. H. I. BLEEK.

Kapstadt, den 30. Mai, 1867.

Ueber den

Ursprung der Sprache,

als erstes Kapitel einer

Entwickelungsgeschichte der Menschheit.[*]

Citius emergit veritas ex errore quam ex confusione.

Wir bewegen uns auf einer schwindelnden Höhe, wenn wir darnach trachten die Richtung der Weltentwicklung zu erkennen. Und doch führt uns die Betrachtung der Reihe von Entwicklüngsphasen des Weltalls, die unser Blick schon zu erfassen vermochte, von selbst zu weiteren Schlüssen über das Ganze des Laufes, von dem uns am Ende doch nur die Erkenntniss eines sehr kleinen Theiles gelungen ist. Die Richtung der Weltentwicklung scheint auf die Bildung eines immer mehr willensfähigen, weil fortschreitend mächtigeren und selbstbewussteren Wesens zu gehen. Ich spreche hier mit Absicht nicht von einem Plane der Weltentwicklung. Denn ich glaube, dass ein Plan stets einen Zweck voraussetzt, und dieser eben nur ein bestimmtes Ergebniss des Willens, also einer rein menschlichen Function ist. Wenn man erst begriffen hat, wie jede Willensthätigkeit nur einem Wesen eigen sein kann, das eine begränzte Erkenntniss hat, und das zwischen zwei Sachen mit beschränkter Einsicht stets willkürlich wählt, so ist es unmöglich ferner von einem Plane der Weltentwicklung oder ihrem Zwecke zu reden. Da es eben offenbar unsere Fassungskraft übersteigt, die Natur des letzten Grundes alles Daseins zu verstehen, so ist es entschieden Anmaassung von unserer Seite, ihm eine potenzirte menschliche Wesenheit unterzu-

3

schieben. Mit Recht sagt Fichte, dass Gott nicht mit der Sinnenwelt zusammen gedacht, und überhaupt nicht gedacht werden soll, weil dies eben unmöglich ist.

Wenn es demnach uns gemäss der Natur unseres Verständnisses in Wirklichkeit allein möglich erscheint die nothwendigen Gesetze zu begreifen, nach denen wahllos die Elemente auf einander wirken, so können wir auch nicht von einem Zwecke, sondern nur von einem Erfolge des Weltentwicklungsprocesses reden; nicht einen Plan, blos einen Entwicklungsgang darf unser Blick dort zu erkennen suchen.

Erst wo eine wirkende Kraft sich selbstbewusst von ihren Objecten zu unterscheiden anfängt, und die eigene Richtung nach Wahl bestimmt, beginnt Planmässigkeit und Unterordnung unter bestimmte Zwecke. *)

Dass dann ein solches vom Selbstbewusstsein getragenes Wesen sehr geneigt sein wird, eine der eigenen gleiche Be-

---

*) Hiermit soll natürlich nicht die Möglichkeit (und die Wirklichkeit ist mir fester persönlicher Glaube), sondern blos die Begreiflichkeit eines unserer anordnenden Thätigkeit analogen höheren Wirkens geleugnet werden. Aber es ist durchaus nothwendig dem Ueberhandnehmen des die Gottheit in homologer Weise mit unserer eigenen Natur auffassenden Anthropomorphismus zu wehren. Man sieht in der That mit Bedauern einen so feinen Beobachter und scharfen Auffasser wie L. Agassiz wieder in diesen Irrthum fallen, wie klar er auch sonst das Unzureichende einer Beweisführungsart, wie sie namentlich in den Bridgewater Abhandlungen vorherrscht, einsieht. (On classification, 1859, S. 11.) Dass seine geistreichen Erörterungen doch wohl den wohlthätigen Zweck nicht verfehlen werden, dem losen Gebrauch einer wissenschaftlichen Terminologie zu steuern, haben sie nicht sowohl ihren Grundgedanken, sondern vielmehr dem genialen Blicke ihres Verfassers zu verdanken, der trotz seiner dogmatischen Befangenheit nicht umhin konnte in fast allen einzelnen Fällen das Richtige zu erkennen. Freilich eine grössere Elastizität beanspruchen namentlich die mittleren Abtheilungen eines Systems, wenn sie ohne Zwang das Resultat der actuellen Beobachtungen richtig zusammenfassen, und nicht in blossen Schematismus ausarten sollen.

schaffenheit auch in anderen ihm bemerkbaren Thätigkeiten zu suchen, ist sehr begreiflich. So wie aber die fortschreitende Erkenntniss davon abgekommen ist, sich die Elemente, die Himmelskörper, die Leidenschaften und Triebe als menschlichwollende Wesen zu denken, so ist es einer klaren Einsicht nach nicht mehr gestattet, sich das Weltall von einer der menschlichen analogen Kraft bewegt vorzustellen. Der Grund alles Daseins kann in seiner Unendlichkeit nicht nach endlichen Grössen gemessen werden. Und weil er am wenigsten vorstellbar ist, so eignet er sich auch am schlechtesten zum Ausgangspunkte der Forschung. Er ist das letzte Ziel aller Erkenntniss, die je weiter sie fortschreitet, seiner Anschauung immer näher kommt. Ob aber diese Annäherung jemals über das blosse Ahnen hinauskommen kann, das ist uns mehr als zweifelhaft.

Wenn wir uns nun so gegen jede aprioristische Construction und gegen jede Unterschiebung falscher Erklärungsgründe wehren müssen, so kann uns der Zweck der Wissenschaft kein anderer sein, als zu erkennen, wie es gekommen sei, dass ein derartiges selbstbewusstes, willenskräftiges Wesen sich gebildet hat; wodurch dasselbe zu einer solchen verschiedenartigen Ausbildung, wie wir sie in den verschiedenen Nationen und Individuen vorfinden, gediehen ist, und was bei der Eigenthümlichkeit seines Wesens und den uns bekannten Bedingnissen seines und überhaupt des allgemeinen Welt-Entwickelungsprocesses wohl aus ihm werden möchte. Von diesen drei Aufgaben liegt die letzte allerdings mehr im Gebiete des Ahnens, als der wissenschaftlichen Erkenntniss. Aber je mehr wir in den beiden ersteren zu festen Resultaten gelangt sind, desto mehr Wahrheit werden auch die darauf sich stützenden Schlüsse über unsere Zukunft haben.

Die Erforschung der Entstehungsweise des Menschen

3 *

ist das Ziel der sogenannten Naturwissenschaften, die des Entwicklungsganges der Menschheit aber bildet die Aufgabe der Philologie oder Geschichte, diese Namen identisch und in viel allgemeinerer Bedeutung als gewöhnlich gefasst. Beide Disciplinen, Philologie und Naturforschung, unterscheiden sich vermöge ihres verschiedenen Zieles aufs entschiedenste nach dem jeder eigenen Beobachtungsverfahren. *) Wie nun das Auseinanderhalten beider Disciplinen sich von selbst macht, so dürfen die Forschungen und Ergebnisse der einen darum nicht der anderen fremd bleiben. Beide ergänzen sich gegenseitig, und beide vereint machen erst die Wissenschaft aus: jede einzeln kann nicht eine Wissenschaft, sondern nur eine wissenschaftliche Disciplin genannt werden. Wir wählen desshalb statt des missbräuchlichen Ausdrucks der Naturwissenschaft auch lieber den der Naturforschung: und stellen diesen neben den der Philologie oder Geschichtsforschung. Denn wenn auch die Thätigkeit des Naturforschers von der des Philologen oder Geschichtsforschers auf solche Weise zu trennen ist, so sehen wir hingegen nichts was diese beiden auseinander zu halten uns berechtigte, namentlich wenn wir den Begriff der Philologie allgemeiner, und den der Geschichtsforschung weiter fassen,

---

*) Max Müller in seinen geistvollen Vorträgen über Sprachwissenschaft (London, 1861) scheint mir in nicht zweckmässiger Weise die Sprachforschung der naturwissenschaftlichen Disciplin zuzuweisen. Sprachforscher werden immer Philologen sein müssen und von der Naturforschung werden sie nicht mehr profitiren, als überhaupt eine wissenschaftliche Disciplin stets von der andern zu lernen hat. Freilich im Grunde ist ja die Wissenschaft nur eine; aber practisch (d. h. nach der Methode und den Mitteln der Forschung) sowohl als theoretisch (d. h. nach dem Objecte der Forschung) unterscheiden sich doch die beiden Disciplinen klar genug. Die Sprachwissenschaft steht eben der Naturforschung näher als irgend ein anderes Fach der Philologie, da durch sie das Grundskelet der ganzen menschheitlichen Entwicklungsgeschichte blossgelegt wird.

so dass jene sich nicht auf ein paar Völker beschränke, diese aber nicht blos die staatliche, sondern überhaupt alle menschliche Entwicklung ins Auge fasse. Um aber wieder auf das Verhältniss zwischen Naturforschung und Philologie (denn diesen Namen ziehen wir dem der Geschichtsforschung vor) zurück zu kommen, so hängt auf der einen Seite unsere Erkenntniss von dem Wesen der Dinge jedenfalls davon ab, wie weit wir uns über die Beschaffenheit unserer eigenen Kraft, über die Tragweite der menschlichen Erkenntniss klar geworden sind. Die rechte Erkenntniss kann sich erst dann einfinden, wenn man weiss, wie man erkennt, d. h. wenn man seine eigene Natur begriffen hat. Diese Aufgabe der Philologie, die sie durch eine Erforschung des Entwicklungsganges der Menschheit zu lösen versuchen muss, ist daher auch für die Naturforschung von der höchsten Bedeutung.

Gerade aber zu dieser Einsicht in das Wesen der menschlichen Natur genügt es nicht blos den Entwicklungsgang, den dieselbe genommen, und die verschiedene Ausbildung, in der wir sie erblicken, in Betracht zu ziehen. Nein, die Entwicklungsgeschichte der Menschheit ist ja bloss ein Theil der Entwicklungsgeschichte des Weltalls und kann nur im Zusammenhange mit dieser recht begriffen werden. Das Wesentliche des menschlichen Entwicklungsganges kann uns nur, indem wir auf diese Weise die Entstehung unseres Geschlechts zu erkennen suchen und auf die dasselbe unterscheidenden und auszeichnenden Merkmale uns hinführen lassen, klar vor die Augen treten.

Wenn so beide Disciplinen der Wissenschaft dasselbe Object haben, wenn es die höchste Aufgabe der Naturforschung ist die Bildung der menschlichen Natur, die alleinige Aufgabe der Philologie ihre weitere verschiedene Entfaltung zu verfolgen, — so versteht es sich, dass ein einseitiges Be-

treiben einer dieser beiden, im Grunde auf dasselbe Ziel
(wenn auch auf verschiedene Weise) lossteuernden Disciplinen nur auf Abwege führen kann. Jede hat nicht nur von
den Resultaten der andern, sondern auch von ihrer Methode
zu lernen. Aber wie weit ist es noch hin, bis dieser Gedanke von
dem einträchtigen Zusammengehen beider Disciplinen eine
Wahrheit werden kann! Wie lange wird es noch währen,
bis die Philologie sich bis zu der Höhe erhoben hat, auf
der jetzt die Disciplinen der Naturforschung stehen, die
desshalb mit Recht die Gunst des Tages für sich in Anspruch nehmen. Sie kann dies aber nur, sie kann nur dann den Rang
einer echt wissenschaftlichen Disciplin behaupten, wenn sie
rein um ihrer selbst willen und nicht zu etwaigen ästheti-
schen oder pädagogischen Zwecken betrieben wird, Zwecken,
die doch die Art, wie sie jetzt in Deutschland meistens ge-
handhabt wird, am wenigsten erreichen lässt. *) Diese
Art aber (in der allerdings ein bedeutender Fortschritt sich
geltend gemacht hat, da eine exacte methodische Behandlung das nothwendigste Erforderniss zu jeder echt wissenschaftlichen Erkenntniss bildet), hat auf der andern Seite
wieder zu der Einseitigkeit geführt, dass nicht sowohl theoretisch, als practisch sich die möglichst genaue Restitution
der alten Schriftsteller als das Ziel der Philologie heraus-
stellte. „Genug ist von uns die Vergangenheit erforscht
ohne alle Beziehung auf das allgemein Menschliche in ihr",

---

*) Ich bitte zu bemerken dass seitdem dieses geschrieben wurde,
des Verfassers langer Aufenthalt in Afrika ihn der unmittelbaren
Anschauung des Fortschrittes der Philologie in Deutschland während
der letzten zwölf Jahre entrückt hat, so dass es möglich ist, dass
was damals in dieser Beziehung richtig war, jetzt nicht mehr so ganz
zupasst.

sagt Bunsen in seinem denkwürdigen Vorwort zur deutschen Ausgabe des Hippolyt.

Die Philologie muss sich aber nicht nur immer mehr
ihres grossen Zieles, der Erkenntniss des menschlichen Entwicklungsganges, der Stellung, die wir in demselben ein-
nehmen, und der Weise, wie wir fördernd in denselben ein-
zugreifen vermögen, bewusst werden. Sie muss zu dessen
Erreichung eine Reihe bisher fast unbetretener Bahnen ein-
schlagen, sie muss Vorurtheilen entsagen, die, in den anderen Disciplinen längst überwunden, sie noch immer zurück-
halten. Wie weit wäre etwa die Botanik gekommen, wenn
man sich auf das Studium der für Küche und Apotheke
nützlichen Pflanzen oder auf die dem Auge oder Geruch an-
genehmen hätte beschränken wollen? Und gar die Chemie,
wenn man vielleicht nur die Beschaffenheit medicinisch oder
ökonomisch wichtiger Substanzen der Untersuchung gewürdigt hätte?

Erst wenn jedes eigenthümlich ausgebildete Glied der
Menschheit der Betrachtung werth gehalten wird, und die
Forschung sich mit gleichem Eifer den in den niedrigsten
Entwicklungsphasen stehen gebliebenen Zuständen zuwendet,
wie denjenigen der höchst gebildeten Nationen (die sie ja erst
durch eine vergleichende Betrachtung mit jenen weniger
entwickelten recht verstehen und begreifen kann) — erst
dann können wir von einer allgemeinen Philologie im wah-
ren Sinne des Wortes sprechen, und dieselbe als eine gleich-
berechtigte Disciplin der Naturforschung zur Seite stellen.
Erst wenn sie auf diese Weise sich eine unerschöpfliche
Fundgrube neuer für unsere Weltanschauung bedeutsamer
Ideen gesichert hat, kann sie eine wiedererwachende Theilnahme der Nation an ihrem Werke erwarten, die ihr dann
wohl noch in höherem Grade als jetzt der Naturforschung
zu Theil werden wird. Denn sie spricht ja eben vom Men-

schen zum Menschen: und dies ist doch jedenfalls der interessanteste Gegenstand der Betrachtung — der, welcher den Menschen am meisten kümmern muss.

Es gilt aber in der allgemeinen Philologie nicht bloss die Entwicklung und Ausbildung jedes Volkstammes zu verfolgen, und was sich daraus für den Gang der allgemeinen menschlichen Entwicklungsweise ergibt, mit einander zu verbinden. Nein, ihre Aufgabe ist eine viel weiter gehende. Sie muss ernstlich bestrebt sein von dem Ganzen des Entwicklungsganges der Menschheit ein Bild zu gewinnen; sie muss untersuchen wie die Zustände der einzelnen Nationen, deren Erforschung die Aufgabe der speciellen philologischen Studien ist, aus früherem ungeschiedenem Dasein, von dem keine Monumente berichten, keine Schriften erzählen, zu dieser getrennten, verschiedenartig gestalteten Wesenheit gediehen sind.· Eine Lösung dieser Aufgabe ist natürlich nur dann möglich, wenn sich eben Zustände verschiedener Nationen als aus e i n e m und demselben ursprünglichen Zustande hervorgegangen erweisen. Eine vorsichtige Vergleichung muss dann herausstellen, was jede einzelne aus gemeinsamer Quelle sich bewahrt hat, was sie späterer Ausbildung — sei es durch eigene Kraft oder fremde Einwirkung — verdankt. Die Summe des ersteren bedingt dann unsere Einsicht von jenem gemeinsamen Anfangszustand, von dem jene uns überlieferten, oder sogenannten geschichtlichen Verhältnisse gleichsam nur die Spitzen der Aeste, oder die Endpunkte der von ihm als dem Anfangspunkte auseinanderlaufenden Linien bilden.

So werden wir Bilder von einer Reihe von Zuständen gewinnen, die wir durch keine geschichtliche Ueberlieferung zu erkennen vermögen, und von denen aus wir dann die weitere Entwicklung bis zu den historisch fassbaren zu betrachten haben. Es gilt hier den Grad, die Art und die

Eigenthümlichkeit jener vorgeschichtlichen Zustände möglichst genau zu bestimmen, und überhaupt ein so viel wie
möglich vollständiges Bild von ihnen zu gewinnen. Dies
ist noch nirgends recht versucht worden.*) Es läge doch
so nahe z. B. den Zustand des Volkes zu bestimmen, das
die Muttersprache der Indogermanischen einst geredet, oder
auch nur, was viel einfacher wäre, die Beschaffenheit dieses
Indogermanischen Grundidioms.**)

Vermögen wir auf diese Weise eine Reihe vorgeschicht-
licher Zustände uns vorzustellen, so ist es die weitere Aufgabe, von diesen aus wieder weiter vorzudringen, und wenn
sich unter ihnen wieder Stammverwandtschaft zeigt, den
dieser zu Grunde liegenden Ausgangszustand zu erforschen.
So muss eine vergleichende Betrachtung der ursprünglichen
Indogermanischen und Semitischen Sprachverhältnisse nebst
der der übrigen Glieder des sexuellen Stammes, uns die
Epoche desselben erkennen lassen, die seinem Auseinander-
gehen in diese verschiedenen Glieder vorangeht. Ja, aus
dem Grundzustande des sexuellen Stammes wird man wohl
mit Zuziehung der anderen Stämme von Pronominalsprachen
den Grundtypus dieser weiten Sprachensippschaft sich er-
schliessen können. Auf diese Art müssen wir aber bestrebt
sein, die Verwandtschaft aller verschiedenartig entwickelten
menschlichen Verhältnisse zu untersuchen, und wo sie sich
ergibt, möglichst klare Vorstellungen von den Ausgangszuständen zu gewinnen suchen. Für diese Verfolgung der
Ramifikation des Menschengeschlechts mag zunächst aller-

---

*) Es versteht sich, dass dieser Satz etwas anders gelautet haben
würde, wenn er jetzt erst geschrieben wäre.

**) Ein Versuch dieser Art scheint neuerdings von A. Schleicher
gemacht worden zu sein in seinem „Compendium der vergleichenden Grammatik der indogermanischen Sprachen." Weimar, I., 1861,
II., 1862.

dings schon durch eine blosse Vergleichung der durch treue Bewahrung des Alten sich auszeichnenden Glieder einiges Licht gewonnen werden. Aber eine irgend tiefere und genauere Forschung muss alle unter unsere Kenntniss fallenden Ausläufer einer jeden zu vergleichenden Gruppe in Betracht ziehen. So genügen Sanskrit, das sogenannte Altpersische und Zend, Griechisch, Lateinisch, Gothisch, Litthauisch und Altslavisch sicherlich nicht zu einer exacten Auffassung der ursprünglichen indo-europäischen Structurverhältnisse. Der aus der ganzen Mannichfaltigkeit der deutschen Dialecte abzuziehende urgermanische Sprachzustand muss an die Stelle des Gothischen treten, und auf gleiche Weise die übrigen Faktoren der bisherigen comparativen indo-europäischen Grammatik ersetzt werden, wenn das sprachliche Leben dieses Stammes im rechten Lichte uns erscheinen soll.

Wir haben hier mit Absicht nur von Zuständen gesprochen, die sich auf denselben Ausgangspunkt zurückführen lassen, nicht von Völkern, die aus einem Stamme entsprossen. Denn die Verwandtschaft verschiedener menschlicher Zustände steht doch wohl mit der Blutsverwandtschaft der Völker, die ihre Träger sind, nicht in gleichem Verhältniss. Wie viel mehr lassen sich z. B. die Zustände der ausseritalischen Romanen auf die römischen zurückführen, als Tropfen römischen Blutes in ihren Adern rinnen. Gewiss sind es nicht bloss die tropischen Wohnsitze die den Galla physisch so sehr dem Neger ähnlich machen, während seine dem Semitischen verwandte Sprache schwerlich verhältnissmässig gleichen Einfluss des Bâ-ntu Elements erkennen lassen wird. Ein solches Uebergehen der Zustände des einen Volkes auf ein anderes ist eines der interessantesten Schauspiele in der Entwicklungsgeschichte der Menschheit: es ist auch höchst wichtig für ihre Entwicklung. Dasselbe hat häufig sehr zur Förderung ihrer Ausbildung beigetragen, indem damit in gewisser Art eine Verschmelzung verschiedener Zustände stattfindet, oder wenigstens bei dem Kampfe derselben eine Einwirkung des unterliegenden auf den vordringenden stärkeren. Der Einfluss zum Beispiel des Keltischen auf die Bildung der romanischen Verhältnisse ist noch lange nicht in genügender Weise gewürdigt worden.

Es findet also wohl jedenfalls ein Verhältniss zwischen den Zuständen eines Volkes und den in ihm stattfindenden Mischungsverhältnissen des Blutes statt. Dieses Verhältniss ist aber keineswegs der Art, dass sie sich decken, und desshalb muss die Wissenschaft beide möglichst auseinander halten. Die Erforschung der physischen Abstammung der einzelnen Nationen fällt der Naturforschung zu, die der Ausbildung der verschiedenen menschlichen Zustände ist Sache der allgemeinen Philologie.

Die Zustände eines Volkes hängen hauptsächlich von seiner Denkweise ab: diese ist der wichtigste und einflussreichste Zustand. Alle andern können nur nach und nach und in ihr begriffen werden. Sie ist es, die den Menschen zu einem solchen macht und in ihrer Ausbildung entwickelt sich erst die Menschlichkeit. Es ist daher das Hauptaugenmerk der Philologie, die Entfaltung des Denkens in der Menschheit und seine Ausprägung zu verschiedenen Denkweisen zu verfolgen. Die Entwicklung der übrigen menschlichen Zustände würde sich von selbst daraus ergeben, und was eben nicht auf die Denkart zurückzuführen ist, das gehört eigentlich gar nicht zur Aufgabe der Philologie.

Den Zustand einer Sache erkennen wir nur an ihren Aeusserungen. Der Aeusserungen der Denkart sind verschieden; unter ihnen ist aber keine belangreicher als die der Sprache. Denn durch die Sprache und mit der Sprache hat sich der Mensch als denkendes Wesen entwickelt. Der Verkehr durch die Rede bringt hauptsächlich sein Denken zu grösserer Klarheit, indem er die verschiedenen Denkweisen in fördernden Wechselverkehr mit einander bringt. Durch die Sprache vermag der Mensch die schon gewonnenen Eindrücke zäher zu behaupten, und so besser die alten mit den frischer einwirkenden, überhaupt jeden derselben mit den anderen zu combiniren, und zu Anschauungen zu verarbeiten. Sie ist die Quelle des Selbstbewusstseins, indem durch sie der Mensch sich und seine Empfindungen von der Aussenwelt unterscheidet, und so beider bewusst werden kann. In dieser Weise ist es allein durch sie, dass eine wahre Gedankenentwicklung stattfinden kann, indem, wie Wilhelm von Humboldts letzter Brief an Goethe es klar ausspricht, „wir an Ideen nur ganz besitzen, was wir, ausser uns gesetzt, in andere übergehen lassen können."

Wenn wir so wissen, was die Sprache wirkt, wie sie die Trägerin des menschlichen Daseins ist, und wenn wir sie auf die bezeichnete Weise durch sehr verschiedene Phasen ihrer Entwicklung verfolgen können, ja wohl gar von den Stadien ihrer Ausbildung ein Bild zu gewinnen vermögen, die ihrem Ursprunge zunächst liegen, — so erhalten wir hierdurch über die Art ihrer Entstehung noch keinen Aufschluss. Ich halte diese Frage aber gewiss für eine sehr wichtige, und es für keine eitle Mühe zu untersuchen, wie das entstand, was uns über die Thierwelt emporhob, und auf eine Bahn warf, deren Endziel abzusehen wir zu unserm Heile nicht vermögen.

Eine Lösung dieser Aufgabe ist aber desshalb nicht unmöglich, weil die Sprache nur ein Product jener lebenspendenden Kraft der Willensfähigkeit ist, die wir auch als das die andern Organismen durchdringende Princip anerkennen müssen.

Die willkürliche Bewegung, die in uns selbst als Axiom

anzunehmen uns unser Bewusstsein zwingt, ist eine unserem chemischen und physikalischen Wissen allerdings unerklärliche, aber darum doch nicht minder konstatirte Kraft. Dieselbe Art von Kraft die wir als die Grundträgerin des menschlichen Wesens betrachten müssen, sind wir gezwungen auch als das Agens der thierischen Wesen anzuerkennen, in denen wir sie auf den verschiedenen Stufen der Entfaltung erblicken. Wenn wir so das Zucken des unausgebildetsten Infusoriums mit dem vom Selbstbewusstsein getragenen Gebahren denkender Individuen in Verbindung zu setzen vermögen, so berechtigt uns auch nichts die allgemeine Bewegung des thierischen und pflanzlichen Zellstoffs oder Protoplasma von jener zu trennen: diese scheint vielmehr als ihr unentwickeltes Auftreten sich kund zu geben. Es ist wohl möglich, dass die der willkürlichen Bewegung zu Grunde liegende Kraft etwas von ihrer Unerklärlichkeit abstreifen würde, wenn man ihre Entfaltung ins Einzelne hinein genauer verfolgte, und jede Art ihrer Ausbildung sorgfältig betrachtend, alle Phasen ihrer Entwicklung von der niedrigsten bis zur vorgeschrittensten durchmachte. Warum sollte man es nicht näher ergründen können, wesshalb sie in der Pflanze auf das einzelne Zellen-Individuum beschränkt bleibt, während sie hingegen das Ganze des thierischen Organismus ergreift, und in den durch die Sprache verbundenen Wesen immer mehr ein harmonisches Ineinandergreifen der einzelnen Willenskräfte und ein Zusammenschiessen zu grösseren Einheiten bewirkt (wie die der Familie, des Volkes, der Kirche, des Staates und sonstiger zu verschiedenartigen Zwecken verschiedenartig gestalteter Verbände).

In diesem letzten Stadium die Produkte der Willenskraft in Betracht zu ziehen, ist allerdings erst die Aufgabe der Philologie. Wenn wir aber die Entwicklung irgend einer Zeitperiode erkennen wollen, so kann dies nicht ge-

schehen, ohne dass wir von ihren Ausgangszuständen ein
Bild gewinnen, und von diesen aus die weitere Entfaltung
derselben durch den gegebenen Zeitraum hindurch verfolgen.
Wie aber die ganze Erforschung des Bildungsganges
der Menschheit, wo derselbe nicht gerade geschichtlich über-
liefert ist, nur auf die Weise möglich wird, dass wir von
dem niedrigsten bekannten Zustande ausgehend zu den
höheren gleichsam emporsteigen, und wie der zwischen den
einzelnen erkennbaren Zuständen liegende Weg der Entwicklung nur durch Combination aus jenen gegebenen Grössen
ermittelt werden kann, — so vermögen wir auch die Entstehung der Menschheit, das Emporsteigen menschlichen
Wesens aus dem thierischen Dasein, nur aus der Vergleichung der niedrigsten Zustände der Menschheit mit denen
der höchsten Gebilde der Thierwelt zu erkennen. Wir müssen untersuchen, was dem Charakteristischen des Menschen
Analoges im thierischen Wesen vorhanden ist: aus was für
Fähigkeiten desselben unter günstigen Bedingungen mensch-
liches Leben entspringen konnte. Denn dass nicht ferner
mehr aus thierischer Sprachlosigkeit sich menschenähnliche
Zustände entwickeln können, das scheitert aus gleichen
Gründen, als aus denen auch etwa das Fortbilden einer
Sprache wie der hottentottischen zu der Entwicklungsstufe
ihrer indogermanischen gar nicht fern stehenden Verwandten
jetzt unmöglich ist. *)

---

*) Die dem Menschen zunächst stehenden Thiergattungen sind
jetzt, wenn auch nicht äusserlich, so doch innerlich in einem anderen Zustande als sie es in der Periode der Entstehung der Menschheit waren. Kaum selbst gebildet, waren sie damals nicht nur ver-
änderlicher, sondern es lag auch in ihnen ein stärkerer Drang zur
weiteren Ausbildung und Erringung einer höheren Stufe. Dem Drange
musste entweder genügt werden, wie es in der Bildung menschlicher
Wesen geschehen ist, oder wenn er lange ohne Befriedigung blieb,
musste er erlöschen, und mit ihm hörte die Möglichkeit auf aus dem

Wie sehr müssen wir es bei unseren Untersuchungen bedauern, dass eine Erforschung der der Menschlichkeit vorangehenden Stufen noch nicht von dem Standpunkte aus stattgefunden hat, dass man zu erkennen suchte, in wie fern in ihnen Keime zur Entwicklung eines menschlichen Daseins enthalten sind.*) Wir würden dann in ganz anderer Weise die volle Bedeutsamkeit des Aktes der Menschwerdung verstehen lernen. Auch könnten wir vom Gange derselben ein viel sichereres und genaueres Bild gewinnen, während wir jetzt nur in flüchtigen Umrissen den Versuch ihrer Schilderung wagen dürfen. Es gilt hier nur zu zeigen, wie durch die Methode der Vergleichung verschiedenartiger Zustände sich über die Art ihrer Entwicklung sogar dann nicht verwerfliche Resultate ergeben, wenn sie so weit auseinanderklaffen, wie die Zustände der menschlichen und thierischen Naturen, diese natürlich in ihren höchsten, jene in den niedrigsten Entfaltungsstadien genommen.

Den Ausgang bildet für uns hierbei am besten wohl die Feststellung der Verschiedenheit des Wortes der menschlichen Rede von dem Charakter der thierischen Laute, die aus dessen näherer Bestimmung sich leicht ergibt. Im Thiere ist nämlich im Allgemeinen der Laut nur Ausdruck des Gefühls; nicht jedoch als ob das Thier sein Gefühl durch ihn zu erkennen geben wollte: sondern es ist nur mit eini-

bestehenden Zustande sich loszureissen. Dieser setzte sich immer mehr und mehr fest, und was im Anfang die schwankenden Errungenschaften eines fortstrebenden Gestaltungsdranges und zugleich die ersten Ansätze zu einer weiteren Entwicklung dieser Kraft waren, das bildet jetzt die versteinerten, stereotypen Formen einer Thierart, der die Möglichkeit einer inneren Veränderung schon lange genommen scheint.

*) Interessante Erläuterungen über diesen Gegenstand finden sich in Dr. G. Jägers Aufsatz „Ueber den Ursprung der menschlichen Sprache" im „Ausland" für 1867, Nr. 42, 44 und 47.

gen Empfindungen gerade eine derartige Organenthätigkeit verbunden, durch die ein Laut erzeugt wird. Dem Thiere ist der Laut noch nicht zur Scheide zwischen dem eigenen Selbst und dem Objecte geworden. Er kann das aber nur werden, und er wird es immer mehr, wenn und je mehr in ihm der Trieb liegt, das Abbild der Aussenwelt zu werden. Mit dem Erwachen dieses Triebes war Menschheit da, ihm gänzlich zu genügen ist ihr wohl unerreichbares Ziel. Alles dazwischen liegende sind nur verschiedene Stadien und Ausbildungsweisen seiner Entwicklung. Damit aber dieser Trieb hervorbreche, ist es zunächst nothwendig, dass das Bewusstsein sowohl von dem Laute in seinem Unterschiede von der ihn begleitenden Empfindung, als auch von der doch zwischen beiden stattfindenden nothwendigen Zusammengehörigkeit in dem lautirenden Wesen entstehe. Wie dies der Fall sein konnte, wollen wir zunächst in Betrachtung ziehen.

Denken wir uns ein Wesen mit einem bedeutend stärkeren Lautbildungsvermögen, aber mit etwa gleichem Nachahmungstriebe, wie die dem Menschen zunächst stehende Thiergattung es besitzt, so ist es wohl nicht denkbar, dass in ihm keine Verbindung beider Fähigkeiten stattfände. Lautnachahmung finden wir allerdings schon bei den Papageien; aber ihre Nachahmungsfähigkeit ist desshalb von ganz anderer Beschaffenheit als die der Affen, weil diese sich auf die Nachahmung ähnlicher Wesen beschränken, — eine Beschränkung, die wir für sehr bedeutsam halten.*) Es liegt

---

*) Diese Beschränkung des Nachahmungstriebes des Affen hängt insofern von der Natur desselben ab, als er durch das Gebärdenspiel sich kund gibt, und das äussere Betragen eines unähnlichen Wesens natürlich unnachahmbar ist, oder jedenfalls nicht von selbst zur Nachahmung auffordert. Der Papagei hingegen, der bei der Nachahmung dem Ohre (und nicht dem Auge) folgt, kann beinahe ebenso leicht das Knarren einer Thüre als die Stimme eines anderen Vogels hervorbringen. (1864.)

so in dem nachahmenden Wesen das Streben sich mit den ähnlich gestalteten in möglichste Uebereinkunft zu bringen: ein Streben das sein Ziel in der Thierwelt freilich nur ganz äusserlich löst, während die innere Lösung erst durch die Sprache möglich wird.

Wenn nun ein solches Wesen, in dessen Natur es liegt einzelne Gefühlsstimmungen mit Lautäusserungen zu verbinden, derartige Empfindungslaute seiner Gattungsgenossen nachahmt, so ist der Ton, den es auf diese Weise hervorbringt, ein seinen Organen schon gewohnter. Das bestimmte Gefühl jedoch, das ihn sonst hervorbrachte, hat ihn diesmal nicht erzeugt, sondern er verdankt dem Nachahmungstriebe seine Entstehung. Wie er aber früher durch jene Empfindung hervorgelockt wurde, so hat er sich an deren Begleitung schon so gewöhnt, dass sie auch bei seiner anderweitigen Production sich einstellt. Indem also durch die Nachahmung Bewusstsein vom Laute entstand und auf dessen Erzeugung erst das Hervortreten der Empfindung erfolgte, während sonst der Laut nur ein unwillkürlicher Begleiter der Empfindung war, — trat der Laut in seiner Geschiedenheit von dem ihn tragenden Gefühle, und doch wiederum als nothwendig mit ihm zusammengehörig ins Bewusstsein. Die unwillkürliche Empfindungsäusserung wurde so zum Empfindungszeichen. Die Entstehung des Bewusstwerdens von dem Unterschiede des Lautes und der Empfindung, dies sich Festsetzen des Lautes als eigenes Wesen, das von der ihn ergreifenden Willensthätigkeit so zu ihrem Werkzeug umgestempelt wird, — das ist der erste Ansatz zur Menschwerdung. *)

---

*) Ob und inwiefern solche erste Ansätze zur Sprache (d. h. ein Hervorbringen der Empfindungslaute nicht als solcher, sondern deren willkürliche Anwendung um die sie begleitende Empfindung oder die bei den Genossen gemuthmasste hervorzubringen) sich schon in der

Allerdings kann zu gleichen Resultaten, wie sie hier die Lautnachahmung hervorbringt, auch die Gebärdenachahmung führen. Aber einerseits ist die Gefühlsäusserung durch die Gebärde eine gar zu mannichfaltige und wechselnde, als dass sie so leicht wie der Laut in ihrer Bestimmtheit festgehalten werden könnte. Dann afficirt auch die Production derselben in der Art den ganzen Organismus, dass eine Unterscheidung von dem sie hervorrufenden Gefühle nicht so leicht möglich würde. Die Modulation der Stimme liegt eben viel mehr in der Gewalt der lautbegabten Wesen, wie dies ja schon die Ausbildung der Tonunterschiede in den Singvögeln zeigt. Dadurch wird aber eine Weiterentwickelung der Lautsprache in einer ganz andern Weise möglich, als dies bei der Gebärdensprache (wenn eine solche sich etwa statt jener gebildet hätte) der Fall hätte sein können.*)

Doch unterscheiden wir nicht ungeschehene Möglichkeiten: denken wir uns das Wort mit dem ersten Anfang der Artikulation entstanden. Wie fand von hier aus die Weiterentwickelung der Sprache statt? Und wie entwickelte sich mit ihrer Fortbildung und durch dieselbe das Selbstbewusstsein. Dies kann natürlich nur in Wesen vorhanden sein, die zwischen ihren Empfindungen und den sie hervorbringenden Objekten zu unterscheiden gelernt haben. In klarer Weise kann eine solche Unterscheidung aber nur durch das sich zwischen sie stellende artikulirte Wort ge-

Thierwelt zeigen, und warum sie nicht zu einer vollständigen konventionellen Sprache geführt haben, verdient wohl noch näher untersucht zu werden.

*) Sollte wohl ein besonders fein ausgebildetes Tastgefühl vermögend sein eine Berührungssprache hervorzurufen, wie sie ausgezeichnete Naturforscher bei den Ameisen und verwandten Insekten zu entdecken glauben?

schehen, und so fällt dessen Anfang mit dem des Selbstbewusstseins und hierdurch mit dem der Menschheit, des
menschlichen Wesens zusammen. Die weitere Geschichte
des Wortes fasst daher auch die Fortbildung des Selbstbewusstseins, und hiermit den Entwickelungsgang des menschlichen Wesens in sich.

Das Wort aber, wie es immer nur durch Nachahmung
im Verkehr mit andern gleichgearteten Wesen entstand, ist
seiner Natur nach als blosser einfacher Laut schon zwie-
fachen Ursprungs. Einestheils konnte es bei gewissen Ge-
fühlserregungen als unmittelbare Wirkung der Organe ein-
treten; andererseits musste der Nachahmungstrieb in lautbegabten Wesen sich auf die Nachahmung der das Gehör
am auffallendsten treffenden Töne werfen. Beide aber, der
Empfindungslaut nicht nur, sondern auch der Nachahmungs-
laut, sind doch ihrer Natur nach bloss unwillkürliche Ge-
fühlsäusserungen; — da ja das den Laut hervorbrin-
gende Spiel der Organe, wie in jenem Falle durch die Empfindung, so hier durch den eben so unbewussten Nachahmungstrieb angeregt wird. Ich habe daher beide in der
obigen Schilderung der Entstehungsweise des Wortes ohne
Schaden zusammenwerfen können. Denn alles was ich dort
von dem Empfindungslaute sagte, lässt sich ohne Weiteres
auch vom Nachahmungslaute behaupten. Dieser führt eben
die Empfindung der nachgeahmten Erscheinung oder der
mit ihr im Gemüthe erregten Vorstellung mit sich, und
kann desshalb auch wohl unter dem Empfindungslaut mit-
begriffen werden.

Die äussere Beschaffenheit der ersten Worte war natürlich der der Empfindungslaute, aus denen sie entsprungen,
ganz gleich*); und kann daher von uns nur aus einer Be-

---

*) Wenn ich mich auch mit der Humboldt'schen Bestimmung des
artikulirten Lautes (Einleitung zu dem Werke über die Kawi-Sprache,

trachtung der in unsern Sprachen restirenden Empfindungs-
wörter und der sogenannten Onomatopoetica oder schall-
nachahmenden Wörter, so wie aus einer Vergleichung mit
den Lauten der thierischen Stimme erschlossen werden.
Man kann in diesem Anfangszustande der Sprache noch
nicht eigentlich von einem Lautsysteme oder von einem
Zerlegen der Wörter in ihre einzelnen Lautbestandtheile
reden. Jedes Wort machte einen einigen in sich geschlos-
senen Laut aus, der aber gewiss mit den einfachen Bestandtheilen, auf die unsere Etymologisten den Wortschatz der
Sprachen zurückführen zu können vermeinen, nicht die min-
deste Aehnlichkeit hatte. Die verschiedenen Organe des
Lautvermögens wurden gewiss auf eine weit mannichfaltigere,
weit anstrengendere, und von unserer Lautirungsmethode

S. LXXXI) nicht vollständig einverstanden erklären kann, so scheint
es mir doch nicht in der Natur des artikulirten Lautes als solchen
zu liegen dass er ein begrenzter und geformter Laut ist. (K. Heyse,
System der Sprachlaute, 1852, S. 5 ff.) Ich glaube, dass seinem Ursprunge nach und auch in den ersten Stadien der Sprachentwickelung
das Wort äusserlich von der thierischen Empfindungsäusserung nicht
verschieden ist. Aber der weitere Entwickelungsgang der Sprache
bedingt es nothwendig, dass der artikulirte Laut immer mehr ein
begrenzter und geformter wird. Mit dieser meiner Ansicht stimmt
aber Seite 7 von Heyse's angeführter Schrift der Satz: „artikulirt wird
er in eben dem Grade, wie der geistige Inhalt innerlich artikulirt,
d. i. logisch gegliedert und gestaltet wird," — obschon ich auch diesen Gedanken etwas anders ausgedrückt haben würde. Ich möchte
hier eher den Vordersatz zum Nachsatz machen. Dies hängt aber
durchaus mit meiner wohl von der Heyseschen etwas verschiedenen
Anschauungsweise über das Verhältniss des Denkens zum Sprechen
zusammen. Nach ihm ist die Sprache ein Ausfluss des Gedankens;
mir scheint, es tritt dabei zu wenig hervor, wie erst mit und durch
die Sprache der Mensch zum Bewusstsein kommt, wie sehr namentlich in den Anfängen menschlichen Daseins das Wort den Gedanken
erzeugt.

bedeutend abweichende Weise in Thätigkeit gesetzt. *) Schnal-
zende Töne, ja vielleicht Klatschen der Hände und andere

*) Die vergleichende Sprachforschung stellt als unmittelbares Re-
sultat der Beobachtungen über den Entwicklungsgang der Lautsysteme
die Thatsache ausser Zweifel, dass im allgemeinen das Lautsystem,
welches die grösste mechanische Anstrengung in Anspruch nimmt,
als das ursprünglichste zu betrachten ist. Der Trieb der lautlichen
Sprachentwickelung geht eben dahin die Aussprache möglichst zu erleichtern. Wir brauchen in der Beziehung nur auf die Art der Aussprache des Englischen, als des fortgeschrittensten Gliedes der Ger-
manischen Sprachsippe, im Vergleich mit seinen nächsten Verwandten
hinzuweisen. Nichts kann aber verfehlter sein als z. B. in der an-
scheinenden Einfachheit eines Lautsystems, wie es auf den Sandwichinseln sich findet, einen Urzustand erkennen zu wollen. Die Vergleichung der anderen Polynesischen Dialecte ergibt als eine unbe-
streitbare historisch festgestellte Thatsache, dass die ungemeine Kon-
sonantenarmuth des Hawaiischen nicht ursprünglich ist, und dass je
mehr die verwandten Sprachen ein reiches Konsonantensystem zeigen,
desto mehr auch alterthümliche Formen in ihnen bewahrt worden
sind. Von allen mir bekannten Sprachen übertrifft aber die der
Buschmänner Südafrikas (die Saan von den Hottentotten, Abatua von
den Kaffern und Baroa in der Setshuána genannt werden) alle anderen bei weitem in Betreff der Stärke der zu ihrer Aussprache nothwendigen mechanischen Kraftausübung. Es ist nothwendig eine solche
Sprache, in der die allermeisten Worte mit einem der wenigstens sechs-
fach verschiedenen Schnalzlaute und mehrere mit sehr anstrengenden
Gutturalen ausgesprochen werden, namentlich in Betracht zu ziehen,
wenn man von den ursprünglichen Lautelementen, aus denen menschliche Sprache erwuchs, eine auch nur annähernde Idee haben will.
Hier schnalzt nicht nur die Zunge (wie im Hottentottischen), sondern
auch die Lippen. Es scheint mir, als wenn unsere modernen Lautsysteme eben so gut als bloss äusserst abgeschwächte und nach bestimmten Gesetzen abgeschliffene Ausläufer solcher ursprünglichen
Lautverhältnisse zu betrachten seien, wie etwa die modernen namentlich stenographischen Schreibweisen als zu praktischen Zwecken
entstellte Abkömmlinge einer hieroglyphischen Bilderschrift. Inwiefern ein Lautsystem wie das Buschmännische aber mit den Lauten
der menschenähnlichsten Affen Berührungspunkte darbietet, ist eine
Frage, die mir wohl eine eingehendere Untersuchung zu verdienen
scheint. Ueber diesen Gegenstand schreibt mir der Jenenser Profes-

nicht durch die Organe des Mundes erzeugte Laute werden
(wie sie ja gewiss zur Gefühlsäusserung dienten), so auch

sor der Zoologie, Ernst Haeckel, (15. Sept. 1866) wie folgt: „Die
„Sprache der Affen ist von den Zoologen bisher nicht in der ver-
„dienten Weise berücksichtigt worden, und es existiren keine irgend
„eingehenden Beschreibungen der von ihnen ausgestossenen Laute.
„Dieselben werden bald einfach als „Geheul," bald als „Geschrei,"
„„Schnalzen," „Brüllen," u. s. w. bezeichnet. Ausgezeichnete *Schnalz-*
„*laute*, sowohl mit den *Lippen*, als auch (seltener) mit der *Zunge*
„hervorgebracht, habe ich selbst in zoologischen Gärten öfter (und
„zwar von sehr verschiedenen Affen-Arten) gehört, kann aber nirgends
„eine Darstellung derselben finden. Offenbar haben diese Laute die
„meisten Beobachter nicht interessirt. Vielleicht interessirt es Dich,
„zu erfahren, dass vor drei Jahren ein Buch des grossen englischen
„Zoologen HUXLEY, und bald darauf ein ausführlicheres des Deutschen
„CARL VOGT erschienen ist, in welchem der Nachweis der Abstam-
„mung des Menschengeschlechts von den Affen auf Grund embryolo-
„logischer und palaeontologischer Untersuchungen mit solcher Strenge
„geführt wird, dass kein wissenschaftlicher Zoologe mehr daran zwei-
„felt. Unter allen bekannten jetzt lebenden Menschenarten sind die
„australischen Neger in Neuholland und die diesen in mancher Hinsicht
„nahe verwandten *Buschmänner* diejenigen, welche den Affen am
„nächsten stehen. Unter den *lebenden* bekannten Affen sind es die
„*Anthropoiden (Gorilla* und *Engeco* in Mittel-Afrika, *Orang* und
„*Gibbon* in Indien), welche dem Menschen am nächsten verwandt,
„keinesfalls aber Voreltern desselben, sondern Seitenlinien von ge-
„meinsamen Voreltern sind. Der Stammbaum der *Primaten*-Ordnung
„sieht ungefähr folgendermassen aus. (Vergleiche den beigehefteten
„Stammbaum.) Die gemeinsame Stammgruppe der Affenordnung, welche
„von niederen Säugethieren abstammt, spaltete sich zunächst in zwei
„Hauptzweige, Schmalnasen *(Catarrhinae)* und Plattnasen *(Pla-*
„*tyrrhinae)*, erstere mit 32, letztere mit 36 Zähnen im Gebiss. Erstere
„bevölkerten ausschliesslich die alte Welt (Asien und Afrika), letztere
„die neue Welt (Amerika). Die Schmalnasen oder Catarrhinen, die
„Affen der alten Welt, blieben grösstentheils geschwänzt *(Menocerca).*
„Ein Theil von ihnen jedoch verlor den Schwanz und entwickelte sich
„zu menschenähnlichen Formen oder Menschen-Affen *(Anthropoides*
„oder *Lipocerca).* Von diesen leben gegenwärtig noch die Gibbon
„*(Hylobates)* und die Orang *(Satyrus)* im südlichen Asien, die Schim-
„panse *(Engeco)* und Gorilla *(Gina)* in Afrika. Aus einem ausgestor-

aus Empfindungslauten zu artikulirten Wörtern der Ursprache umgestempelt worden sein.

Messen wir aber diese Wörter der ersten Stufe der Menschheit mit unserem syllabirenden Maasse, so beschränkte sich gewiss ihre Zeitdauer nicht auf die einer unserer Silben. Die Art des Empfindungslautes richtet sich ja ganz danach, welche Organe eben durch die ihn hervorrufende Empfindung zur lautirenden Thätigkeit gereizt wurden. Das Product derselben würde aber unserer grammatischen Zerlegungskunst gewiss nur selten als ein einfaches erscheinen. Durch dieselbe einfache Empfindung konnten nach einander die lautirenden Organe zu verschiedenen Aeusserungen gebracht werden, die aber (obschon im Grunde nicht zusammengesetzt) doch häufig besser mit unseren mehrsilbigen, als einsilbigen Wörtern in Analogie gebracht werden möchten. Die Ansicht, dass die Sprachen alle auf ursprünglich einsilbige Wurzeln zurückzuführen seien, ist schon desshalb eine verfehlte, weil sich eine Menge schallnachahmender in ihnen finden, (wie z. B. *ha/i* in *hai/fa!a* dem Gallawort für „Niessen" *), die unmöglich einsilbig genannt werden können, obschon sie aus einer einfachen Nachahmung entstanden sind.

„benen Zweige dieser Anthropoiden entwickelte sich (wahrscheinlich „im südlichen Asien) das Menschengeschlecht, welches sich späterhin „in 5—10 verschiedene Arten (die sogenannten „Menschen-Rassen") „spaltete." (Vergl. Haeckel, Generelle Morphologie der Organismen, Vol. II, p. CXLI, und p. 429—438 (Berlin 1866); und Haeckel, Ueber die Entstehung und den Stammbaum des Menschengeschlechts (Berlin, 1868).

Eine Stelle in du Chaillus neuestem Buche (Reise nach Ashango Land, englische Originalausgabe, S. 371 und 372) scheint zu zeigen, dass wenigstens in einer gewissen Entfernung die Laute der Schimpanses den Tönen menschlicher Rede nicht unähnlich klingen.

*) Die Schnalzlaute | (dentaler) und ! (palataler) bezeichnen hier die Buchstaben t' und d' des Tutschekschen Alphabets, denen sie nach seiner Beschreibung zu entsprechen scheinen. Lepsius drückt jedoch Tutscheks t' durch t, und sein d' durch g' aus.

Wiederholung desselben Lautes fand sich auf der ersten
Sprachstufe wohl in sehr vielen, vielleicht in den meisten
Wörtern, ohne darum ihre einfache Beschaffenheit zu affi-
ciren. Ist ja die Empfindungsäusserung durch den Laut
selten auf seine einmalige Hervorbringung beschränkt, sondern wiederholt sich durch die länger andauernde Empfindung hervorgelockt, in den meisten Fällen mehrere, ja wohl
sehr viele Male. Den ersten Wörtern aber, als blossen Nach-
bildern oder Abkömmlingen der Empfindungsäusserungen,
müssen wir wohl eine diesen ganz gleiche Beschaffenheit
zuschreiben: und was daher sich von der äusseren Erscheinung der einen constatiren lässt, das dürfen wir auch kühn
auf die andern beziehen.

Auch die Geltung des einzelnen Wortes der Ursprache
musste sich ganz nach dem Gefühl richten, welches mit
dem Empfindungslaute, aus dem es entsprungen, verbunden
war. So wenig aber dieser von einem einzelnen Gegenstand
oder Zustand herrührte, sondern nur das Erzeugniss einer
ganzen Gemüthsstimmung war, so wenig können auch durch
die ersten Worte schon einzelne Gegenstände oder auch nur
einzelne Empfindungen bezeichnet worden sein. Sie, die
Wörter der Ursprache, waren für das Bewusstsein nur Ausdrücke von Stimmungen, die aus einem Complex verschiedener zusammenwirkender Empfindungen bestanden. Dieselbe Stimmung oder wenigstens ganz ähnliche, im Bewusstsein leicht mit ihr zusammenfallende, mochten aber auf sehr
mannichfaltige Weise von den verschiedenartigsten Gegen-
ständen veranlasst werden. Die Verschiedenheit der wir-
kenden Kräfte bei gleichem Effecte konnte in der ersten
Periode des Bewusstwerdens des Menschen noch nicht em-
pfunden werden: aber jede weitere Entwickelung musste ihn
auf eine Unterscheidung der Einzelempfindungen drängen,

und auf eine aus ihnen zu gewinnende Anschauung der sie erzeugenden Gegenstände und Zustände. Wenn ich nun auch eben mit Recht sagen konnte, dass, wie der Empfindungslaut von dem Empfindungsleben, so das Wort von dem Bewusstsein desselben uns Kunde gebe: so ist doch das Verhältniss zwischen dem Bewusstsein und der Sprache ein von dem zwischen dem Empfindungslaute und dem Gefühle stattfindenden höchst verschiedenes. Dass dieses (das Gefühl) sich nämlich lautbar äussert, findet ja nur in Ausnahmsfällen statt, so dass von dem Ganzen des Empfindungslebens eines auch noch so lautbegabten Wesens seine Stimme nur sehr vereinzelte Bruchstücke kundgibt. Der Laut ist für das Gefühl ein bloss accidentielles Nebenmoment: Empfindung gibt es nicht bloss ohne ihn, sondern es ist verhältnissmässig nur selten, dass diese dem Ohr vernehmbar wird. Das Bewusstsein hingegen erwachte im Menschen mit der Entstehung der ersten Worte, seine Beschaffenheit richtete sich ganz nach deren Bedeutung, und sein Umfang ist nicht grösser als die Summe des durch die Worte Ausgedrückten. Sprache und Bewusstsein sind getrennt nicht denkbar; das eine konnte nur mit dem andern und durch dessen Entstehung hervortreten: so ist das eine ganz das Spiegelbild des andern. Auch die weitere Entwickelung des Sichbewusstwerdens konnte nur mit und durch die Fortbildung der Sprache geschehen. Was wirklich klar ins Bewusstsein getreten ist, das muss durch die Sprache erzeugt und in ihr sichtbar sein: die Sprache eines Volkes ist stets ein Abdruck der in ihm zum Bewusstsein gekommenen Gedanken.

Wie beschränkt musste aber der Zustand des Bewusstseins in der Anfangsperiode der Menschheit sein! Bewusstsein nur von Gemüthsstimmungen konnte damals im Menschen wach geworden sein, und zwar blos von solchen Stim-

mungen, die von Empfindungslauten, welche auf die erst
geschilderte Weise zu Worten geworden, begleitet gewesen
waren. Da aber, wie gesagt, nur der kleinste Theil des
Empfindungslebens lautlich sich geltend machte, und von
diesen Empfindungslauten auch schwerlich alle in Worte
übergegangen waren, so kann man sich leicht vorstellen,
wie gar wenig von dem Empfundenen und wie unklar auch
dieses ins Bewusstsein getreten war. Es war erst ein blosser Ansatz zur Erkenntniss vorhanden.

Um aber hierin wirklich weiter zu kommen musste
sich die Sprache und das mit ihr verknüpfte und an sie ge-
knüpfte Bewusstsein weiter ausbilden. Die Bedeutung der
einzelnen Wörter wurde enger begrenzt schon dadurch, dass
neue Wörter entweder aus Empfindungs- oder Nachahmungs-
lauten entsprangen. Aber auf eine neue Stufe, von der ein rechtes
Fortschreiten in der Entwickelung nur möglich war, trat das
Bewusstsein erst dadurch, dass der sprachliche Stoff in sich
selbst durch Wechselwirkung zur Erzeugung neuer Bestandtheile gelangte.

Mit dieser weiteren Entfaltung des sprachbildenden Pro-
cesses beginnt das zweite Stadium des Wachwerdens menschlicher Erkenntniss aus dem thiergleichen Zustande der Bewusstlosigkeit. Um aber zu diesem zu kommen, müssen wir
die Sprachweise im ersten Stadium uns recht anschaulich
vorzustellen suchen. Der Verkehr durch Rede bestand hier
in nichts anderem, als darin, dass, wenn man von einer Stimmung ergriffen war, für die man ein Wort kannte, und man
dieselbe Stimmung einem Anderen mittheilen wollte, man
besagtes Wort ausstiess. Da aber dies Wort, dem Empfindungslaut, aus dem es hervorgegangen, durchaus ähnlich
war, so unterschied sich dieser Zustand der Lautäusserung
von dem ihm vorhergehenden sprachlosen wohl durch nichts,

als durch das Bewusstsein, von dem hier die Tonerzeugung getragen war.

Nun konnte es aber Stimmungen geben, die dén, der sie auszudrücken versuchen mochte, an zwei andere erinnerten, zu deren Bezeichnung man schon Wörter gewonnen. Nichts natürlicher, als dass um sie auszudrücken man zwei Wörter zusammenstellte. Dies war das zweite Stadium, in dem erst der Grund zur Scheidung auch der äussern Erscheinung des bewussten und unbewussten Gefühlsausdrucks gelegt wurde.

Im dritten und letzten Stadium der ersten Periode, in welcher eben diese Scheidung noch nicht durchgebrochen war, hatten sich auf diese Weise. durch die Verbindung bekannter Wörter schon Ausdrücke für eine ganze Anzahl von Stimmungen des Gemüthes gebildet, die früher von keinen Empfindungslauten begleitet, in den vorhergehenden Stadien auch nicht durch Worte ausdrückbar waren, und zu deren Bewusstsein man daher auch noch nicht gekommen war. Dies geschah nun aber auf eine besondere, wesentlich von der früheren verschiedene Weise. Wie nämlich jetzt Gefühle durch mehrere Wörter ausgedrückt wurden, kamen sie auch dem Bewusstsein als aus den durch diese bezeichneten Stimmungen bestehend vor, mochten sie nun auch im Grunde viel einfacher sein, als die Bestandtheile aus denen sie zusammengesetzt schienen.

Wenn sie aber dies (nämlich einfacher) waren, und je mehr sie dies waren, desto eher musste sich das Gefühl der Zusammengehörigkeit der beiden kombinirten Wörter der Seele aufprägen: sie mussten im Gebrauche immer enger mit einander verwachsen, während hingegen andere loser auseinander gehalten wurden. Die enger im Begriff verbundenen dann auch im Laute möglichst zu éinem Ganzen zu vereinen, dás war ein sehr natürliches Streben des

Sprachtriebes. Die einander näher gerückten Laute konnten aber nicht ohne gegenseitigen Einfluss verbleiben: Lautwechsel akkommodirte sie einander, und so gingen leicht zwei früher getrennte Wörter in ein neues der Form und dem Begriffe nach auf seine Bestandtheile nicht mehr zurückweisendes über. Dieser Process musste dann erleichtert werden, wenn etwa die Laute, aus denen das neue Wort zusammenschmolz, als einfache, unzusammengesetzte Wörter schon ausser Gebrauch gekommen waren.

So beginnt die zweite Periode des Entwickelungsganges der Sprache mit ihrer auch äusserlichen Scheidung von den unbewussten Aeusserungen des thierischen Gefühlslebens. Jetzt ist erst die Sprache als ein gesicherter Erwerb zu betrachten, da die frühere Ungeschiedenheit der Form der Wörter von dér der Empfindungslaute ein Verschwinden ihres innern, nur durch den Willen fest gehaltenen Unterschiedes und hiermit ein Zurücksinken in den Zustand der Bewusstlosigkeit noch immer möglich erscheinen liess.

Der Unterschied zwischen Laut und Empfindung konnte da erst recht ins Bewusstsein treten, wo der Laut nicht sowohl ein aus der Empfindung hervorgehender war, als vielmehr einer Kombination seinen Ursprung verdankte, die ihn dem Gefühle, das er ausdrücken sollte, gleichsam mit Gewalt anpasste. Dass er eben nicht von selbst von den durch eine Gemüthsaffektion erregten Organen hervorgestossen ward, sondern von dem Wirken des Affektes im Organismus ganz unabhängig war, ja vielleicht ihm entgegentrat, — dás war natürlich für das Getrennthalten von Gefühl und Gefühlsäusserung im Bewusstsein von der grössten Bedeutung.

Die Trennung zwischen Gefühl und Gefühlsäusserung musste aber nothwendig der Scheidung zwischen dem Objecte und der durch dasselbe bewirkten Empfindung voran-

gehen. Die Anschauung der Objecte entwickelte sich erst
aus der Anschauung der durch sie hervorgerufenen Empfindungen. Die Verworrenheit der Begriffe konnte nur durch fortschreitende Begrenzung derselben vermindert werden. Ein
Wort, das eine Stimmung sehr allgemein und unbestimmt
ausdrückte, wurde durch die Hinzufügung eines anderen auf
einen Theil der ihm inhärirenden Bedeutung beschränkt.
So lange aber die Zusammengesetztheit des Wortes noch
eine wahrnehmbare war, trat in dem Bewusstsein diese Ein-
zelempfindung immer nur als eine kombinirte hervor. Ver-
schwand später das Aussehen der Zusammengesetztheit im
Worte, und erschien dasselbe dem Ohre wie ein einfacher
Laut, so wurde auch der dadurch bezeichnete Begriff von
dem Bewusstsein als ein einfacher aufgefasst. Indem aber
auf diese Weise die anfangs so sehr verworrenen Begriffe
gespalten wurden, traten immer mehr die Agenten der
Empfindung, die Gegenstände und ihre Zustände, dem
Bewusstsein näher, ohne dass es jedoch in dieser Periode
zu einer rechten Anschauung desselben, die nur aus einer
Unterscheidung zwischen jenen gewonnen werden konnte,
gekommen wäre.

Doch bevor wir zu der Art, wie das Bewusstsein von
der Duplicität der Empfindungsanreger erweckt wurde, übergehen können, müssen wir vorerst noch manche Erscheinungen der zweiten Periode näher in Betracht ziehen. Wir
haben oben den Fall noch nicht berührt, wenn von einem
zusammengesetzten Worte blos ein Theil als einfaches Wort
ausser Gebrauch gekommen war. Es musste, wo dies statt-
fand, das neue Wort offenbar als eine Modification des andern noch in seiner isolirten Bedeutung geschützten Ele-
mentes erscheinen.

So wurde durch das neu eintretende Verfahren der Ableitung es möglich, Nüancirungen eines vorhandenen Begriffes in's Bewusstsein zu rufen, und nach Analogie der schon vorhandenen abgeleiteten Wörter konnten nun auch von andern Grundbegriffen weitere Spaltungen vermittelst solcher Laute, die an und für sich keinen Werth mehr hatten, sondern ihn nur im Zusammenhang mit andern erhielten, bewirkt werden.

So konnte ein Wort in der zweiten Periode schon wenigstens zehnfach verschiedenen Ursprungs sein.

Entweder:

A. Es entsprach ohne Zusatz dem Empfindungslaut, aus dem es hervorgegangen: *Einfach* 1.

Oder:

B. Es bestand aus zwei solchen einfachen Wörtern, oder aus zwei einfachen Wortbestandtheilen, von denen

    a. Beide auch als getrennte Wörter noch vorkommen; *Zusammengesetzt* 2.

    b. Der erste Bestandtheil als getrenntes Wort noch vorkommt,

        α. Der zweite aber nur in Zusammensetzungen: *Abgeleitet mit Suffix* 3.

        β. Der zweite sonst gar nicht mehr vorkommt: *Hinten verstärkt* 4.

    c. Der zweite Bestandtheil als getrenntes Wort noch vorkommt,

        γ. Der erste aber nur in Zusammensetzungen: *Abgeleitet mit Präfix* 5.

        δ. Der erste sonst gar nicht mehr vorkommt: *Vorne verstärkt* 6.

    d. Beide Bestandtheile getrennt nicht mehr gebraucht werden,

        ε. Doch beide noch in Zusammensetzungen gefunden werden: *Verwachsen* 7.

der zweite gar nicht: *Verschlungen am Ende* S.

6. Der zweite noch in Zusammensetzungen vorkommt, der erste gar nicht: *Verschlungen am Anfang* 9.

9. Beide sonst gar nicht mehr angetroffen werden: *Verschmolzen* 10.

Wie hier der Kreislauf der Wortentwickelung war, zeigt am besten folgende Tabelle:

Erstes Stadium	Einfaches Wort. [Empfindungslaut] (1.)	Einfaches Wort. [Empfindungslaut]
Zweites Stadium	Zusammengesetztes Wort (2.)	
Drittes Stadium	Abgeleitet mit Suffix (3.)	Abgeleitet mit Präfix (5.)
Viertes Stadium	Verstärkt am Ende (4.) — Verwachsen (7.)	Verstärkt am Anfang (6.)
Fünftes Stadium	Verschlungen am Ende (8.)	Verschlungen am Anfang (9.)
Sechstes Stadium	Verschmolzen (10.)	

In Buchstaben ausgedrückt gestaltet sich die obige Tabelle etwa so:

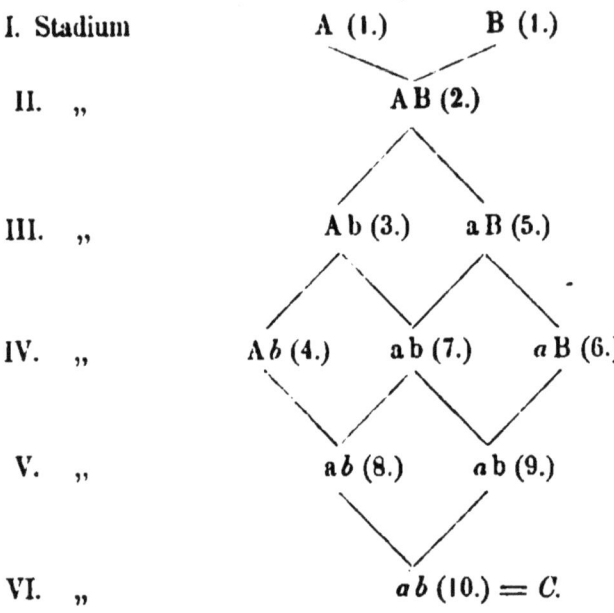

I. Stadium   A (1.)   B (1.)

II. „   A B (2.)

III. „   A b (3.)   a B (5.)

IV. „   A b (4.)   a b (7.) a B (6.)

V. „   a b (8.) a b (9.)

VI. „ $a b$ (10.) $= C.$

Ein verschmolzenes Wort erscheint natürlich dem Gefühl wieder als ein einfaches, und indem in dieser Weise immer neue einfache Elemente gewonnen werden, die nicht zugleich Empfindungslaute waren, sondern durch mehrere Stadien der Entwickelung sowohl der Form als der Bedeutung nach von ihnen geschieden waren, entwickelte sich immer mehr ein von dem unmittelbaren Empfindungsleben getrenntes Selbstbewusstsein.

Da wir überdies hier nur auf die aus einem oder zwei Bestandtheilen bestehenden Wörter Bezug genommen haben, so versteht es sich (da es wohl nichts gegen sich hat, dass auch mehr als zwei mit einander kombinirt würden), dass die Mannigfaltigkeit verschiedenartig gebildeter Wörter in der zweiten Periode eine noch vielfach grössere sein konnte, — namentlich wenn wir hinzunehmen, dass mehr oder minder bedeutende Lautveränderungen bald den einen, bald den anderen Bestandtheil, bald mehrere oder auch alle zugleich treffen konnten. Die so verschiedenartig gestalteten Wörter mussten auch das Bewusstsein in verschiedener Weise erregen, wie das namentlich schon aus dém erhellt, was wir über die verschiedene Auffassung der einfachen, zusammengesetzten und verschmolzenen Wörter bemerkten.·

Wir haben bisher den Weg der Sprachentwickelung so dargestellt, als wenn er ein nach éiner Richtung hin stetig fortschreitender sei. Aber in Wahrheit war schon in den ersten Stadien desselben eine zwiefache Ausbildungsart möglich. Statt dass nämlich die einzelnen Elemente mit einander verschmolzen, konnnten sie auch starr auseinander gehalten werden. Eine Entfernung von der Form des dem Worte zu Grunde liegenden Empfindungslautes konnte doch auch in solchem Falle durch eine von dem Streben nach möglichst leichter Aussprache verursachte Veränderung des Wortlautes bewirkt werden.

Dass auch nach dieser Richtung hin sich Sprachen einseitig entwickelt haben, ist wohl anzunehmen. Fraglich ist nur, ob derartige Sprachen noch vorhanden sind. Von den Idiomen Hinterasiens möchte ich noch nicht mit Sicherheit behaupten, dass sie schon in der ersten Entwickelungsperiode einer solchen die Wörter auseinander haltenden Maxime gehuldigt. Ob diese nicht später erst bei ihnen zur Geltung gekommen und sie noch die übrigen ein gutes Stück Wegs in die zweite Periode hinüber begleitet haben, dás müssen eindringliche komparative Studien zeigen *). Namentlich werden diese auch auf die Frage einzugehen haben, wie ein

---

*) Ich lasse alles dies mit Fleiss so stehen, wie es im Jahre 1853 niedergeschrieben war, da eine Besprechung der scharfsinnigen Untersuchungen von R. Lepsius in seiner geistreichen Abhandlung „Ueber Chinesische und Tibetische Lautverhältnisse," u. s. w. (Berlin 1861) mich zu weit von meinem Gegenstande hier abführen würde.

Lautsystem sich in jenen Sprachen entwickelt hat, und inwiefern sie ein solches besitzen. Denn zur Ausbildung eines Lautsystems, d. h. zum Besitz weniger Laute, aus denen die Masse der verschiedenen Wörter kombinirt erscheint, konnte die Sprache wohl nur durch die Bildungsprocesse der zweiten Periode gelangen. Die Kombinirung desselben Lautes mit verschiedenen anderen bewirkte schon ein Wiederkehren desselben Wortelementes. Der Drang nach leichter Aussprache musste aber zum Verschwinden der ihrer Seltenheit wegen ungewohnten Laute oder zu ihrer Verschmelzung mit anderen gewöhnlicheren führen. Lautveränderungen thaten ein übriges. Nur die letzteren Momente konnten natürlich auf die Bildung eines Lautsystems in einer Sprache, in der die einzelnen Laute in keinen engeren Kontakt kommen, einwirken.

Wie aber die ersten Lautsysteme ausgesehen haben mögen, darüber etwas zu rathen dürfen wir uns wohl hier versagen. Jedenfalls aber waren sie von dem Bilde eines Sanskritischen oder ähnlichen am weitesten entfernt. Dies gehört erst viel späteren Sprachepochen an.

Mit der Entstehung des Wortes, als von dem Empfindungslaute lautlich und begrifflich durchaus geschieden, ist eigentlich die Frage über den Ursprung der Sprache erledigt, und die Verfolgung der ferneren Entwickelung der lautlichen Form und ihres begrifflichen Inhalts muss der Sprachgeschichte überlassen bleiben. Zum Schlusse will ich demnach nur noch in einem raschen Ueberblick meine Ansicht von der Entstehungsart des Wortes zusammenfassen.

Die erste Phase der Existenz des Wortes als solchen fand statt, als der Empfindungslaut nicht als solcher hervorge-

bracht, sondern willkührlich angewendet wurde, zu dem
Zweck um die ihn begleitende Empfindung oder die bei dem
Genossen gemuthmasste entsprechende hervorzurufen.

In der zweiten Phase setzt sich durch den Gebrauch
der Laut fest als konventionelle Vermittelung der durch
ihn angedeuteten Empfindung, und indem er von dieser im
Gefühl und Bewusstsein schon geschieden wird, weicht er
auch immer mehr von ihrer Bedeutung ab, und wird auch
bald der Form nach zu einer blossen Andeutung des Empfindungslautes, aus dem er ursprünglich hervorging, und
dessen Ebenbild er anfangs war.

Trotzdem, — wenn auch lautlich und der Bedeutung
nach von dem Empfindungslaut und der durch ihn ausgedrückten Empfindung verschieden, — lehnte doch das Wort
sowohl der Form als dem Inhalt nach sich noch zu sehr an
die Empfindungswelt und ihre Aeusserung an, und war zu unmittelbar aus ihr hervorgegangen, als dass es schon einen
selbstständigen klaren Begriff in sich schliessen konnte.

Jedes Wort bezeichnete eben noch eine für sich stehende,
nur durch sich modificirte Idee, und bildete, wie wir sagen
würden, einen Satz für sich.

Nun musste es aber vorkommen, dass das Bedürfniss
sich geltend machte Empfindungen auszudrücken, die nicht
entschieden *einer* durch einen Lautcomplex sich geltend ma-
chenden Empfindung am nächsten waren, sondern zu gleicher
Zeit zwei solchen Lautkomplexen gleich nahe zu liegen
schienen. Hier lag es am nächsten einen dieser Lautkom-
plexe dem andern folgen zu lassen. Dies bezeichnet den
Anfang der dritten Phase.

Von zwei so zusammen eine Idee ausdrückenden Wörtern musste natürlich das eine gewöhnlich im Bewusstsein
für den durch beide ausgedrückten Begriff nothwendiger erscheinen, als das andere. Hierdurch allein machte sich wohl

schon frühe im Bewusstsein eine Art Unterscheidung geltend zwischen dem Haupt - und Neben-Theil, dem zu bestimmenden und dem zur Bestimmung eines anderen dienenden Worte.

Ich habe an den ersten Stadien des sprachlichen Entwickelungsganges zu zeigen mich bemüht, wie mit dem Werden der Sprache der Mensch erst zum Bewusstsein kommt, und wie jede Erkenntniss nur in und durch die Sprache uns ins Bewusstsein treten kann.

Es versteht sich, dass die Klarheit des Bewusstseins wachsen muss, je mehr die äusseren Formen der Rede das logische Denken erleichtern. Dies können sie aber nur In dem Grade, in welchem das durch sie unterschiedene mit den Unterschieden, die sich unserer Erkenntniss als die wesentlichsten aufdrängen, übereinstimmt.

Unser jetziges Denken besteht aus einem Zusammenstellen von Begriffen, deren Vorstellung in uns rege wird; und ebenso unser Sprechen aus einer Verbindung von einzelnen Wörtern. Die Begriffe, die wir haben, sind aber blosse Abstraktionen: sie sind Erfolge des Reibungsprocesses der einzelnen Empfindungen.

Wenn ich sage, oder was eigentlich dasselbe ist, denke (denn ich denke ja gerade wie ich zu sprechen vermag): „das Pferd in meinem Stalle ist braun, so stelle ich blosse „Abstraktionen zusammen, um den auszudrückenden Begriff „zu bezeichnen. Ich sah nie Bräune, noch Dasein, noch „Mein, noch Stallung, aber ich habe Millionen brauner Dinge, „tausend einzelner Pferde, viele Ställe gesehen, habe oft an „Sachen gedacht, die mir gehören, und bemerke immerfort „Dinge, die sind, existiren, ich bin von Wesen umgeben, „und bin selbst eins." (Dr. F. Leiber, in Schoolcraft's In-

formation respecting the History, Condition and Prospects
of the Indian tribes of the United States. Part. II. p. 346.
) Wie kommen wir aber von dem blossen Bewusstsein
einer Gefühlsstimmung, mit dem das menschliche Dasein
anfing, zu diesen abstrahirten Begriffen, und wie entwickelte
sich das Wort aus dem blossen Empfindungszeichen zum
Träger dieser Begriffe? Die letztere Frage ist für unsere
Betrachtungsweise jedenfalls die erstere, diejenige, aus deren
Lösung die der andern von selber folgt.

Wie die (durch die Zusammensetzung, und die aus ihr
hervorgehende Verschmelzung der Wörter hervorgebrachte)
Kombination von Begriffen immer mehr zur Abstraktion
derselben, zu ihrer aus der vielfachen Verbindung hervor-
gehenden Sonderung aus dem Einzelgefühl hinführen musste,
haben wir schon oben bemerkt. Aber zu einer Eintheilung
der Begriffe in Gattungen führte dies an und für sich noch
nicht. In den primitiven Wörtern waren die Redegattungen
ganz ungeschieden. Auch wo nicht mehr eins der ursprünglichen Elemente in den schon fortgeschritteneren Stadien der
Sprachentwickelung zu einer Aussage genügte, und sich
mehrere Wörter zu einem Satze vereinigen mussten um
einen Gedanken darzustellen, können wir noch nicht von
einer rechten Scheidung der Redetheile sprechen.

Dasselbe Wort umschloss ohne Aenderung einen Nomi-
nal- oder Verbal-Begriff, konnte in Art unserer Adjektive
und Adverbien u. s. w. gebraucht werden. So wurde ursprünglich z. B. durch ein aus der Nachahmung eines Schalles
entstandenes Wort die Wahrnehmung bezeichnet, deren man
sich bei dem Vernehmen des Schalles bewusst wurde. Diese
Wahrnehmung war durchaus nicht abstrakter, allgemeiner
Natur, sondern eine durchaus konkrete, individuelle. Hätte
etwa durch Nachahmung des Tones eines Kuckucks sich ein
Wort gebildet, so konnte dessen Begriff unmöglich auf den

des Vogels beschränkt sein, noch auf den des Schreiens, oder auf eine Eigenschaft des Thieres oder seiner Aeusserung u. s. w.; — sondern die ganze Situation, soweit sie in's Bewusstsein trat, wurde durch das Wort angedeutet. Dass von dieser Situation dann die Hauptmomente hervortraten, das wurde schon durch das wiederholte Vernehmen des Lautes bewirkt: aber noch schloss die Bedeutung des Wortes die heterogensten Begriffe in sich, von denen in der einen Verbindung mehr der eine, in einer anderen mehr der andere hervorgehoben wurde. Indem aber so, etwa in Verbindung mit einem das Fliegen andeutenden Worte, das Wort Kuckuck den Begriff des Vogels hervortreten liess, und das ganze das Fliegen des Kuckucks anzeigte, in einer anderen Verbindung aber dasselbe Wort eine Eigenschaft oder Thätigkeit des Kuckucks hervortreten liess: so war dies von der jetzigen englischen Art, dass ein Wort unverändert oft mehreren Redetheilen angehören kann, himmelweit geschieden. Denn im Englischen sind die Redetheile, wenn auch nicht überall lautlich, doch begrifflich stets streng geschieden: hier aber war noch gar kein Bewusstsein einer Verschiedenheit vorhanden, da weder Form noch Stellung auf eine solche aufmerksam gemacht hatte.

Denn Formen hatten sich noch nicht gebildet, und bestimmte Stellung, wie z. B. im Chinesischen, konnte sich erst in einer innerlich sehr ausgebildeten Sprache festsetzen: wir denken auch ohne dass gerade verklingende Formen (wie im Englischen), die zuerst auf den Unterschied aufmerksam gemacht hatten, dadurch zu ersetzen gewesen wären. Denn durch ein dunkles Gefühl wurden gewiss die Redetheile schon sehr frühe unterschieden, und dies konnte schon auf die Festsetzung einer bestimmten Stellung hinwirken, die dann wenigstens ein einigermassen klares Bewusstsein ihres Unterschiedes hervorrufen musste.

Dann verbanden sich auch mit ganzen Reihen von Wörtern gewisse Partikeln oder Ableitungssilben, die zu Unter-
scheidungen ihrer begrifflichen Bestimmung wurden, die Zeit,
Aktion, und namentlich die Personen anzeigend, oder auf
die Stellung der Begriffe zu dem Redenden hinweisend (Ar-
tikel) u. s. w.

Der Ursprung solcher formativen Elemente der Sprache
erklärt sich, wenn wir auf die oben (S. 58—64) geschilderten
Wortbildungsprocesse Rücksicht nehmen, etwa folgender-
massen. Wie ein Theil eines Wortes aus dem gesonderten
Gebrauche verschwinden konnte, so war dies auch mit dem
Theile eines Satzes möglich, d. h. er konnte aufhören allein
für sich ausgesprochen einen Begriff zu bezeichnen, und hatte
nur Bedeutung im Zusammenhange mit andern. Solcherlei
Wörter oder, wie sie technisch heissen, Partikeln waren sowohl der verschmelzenden als der auseinanderhaltenden
Sprachart eigen, ja in dieser wohl eher häufiger als in jener.
Mit ihrem Erscheinen und in den verschmelzenden Sprachen
auch mit dem der Ableitungssilben musste ein Bewusstsein
der Gestalt des Begriffes rege werden, indem so Wörter
oder Silben, die bloss die Form des einzelnen oder zum
Satze combinirten Begriffes ausdrückten, mit den übrigen
bedeutungsvolleren in eine Art von Gegensatz traten. Welche
Art von Form in Gebrauch kam, das hing natürlich im Anfang ganz vom Zufall ab; aber je mehr die Sprache sich
weiter entwickelte, desto mehr mussten die Zwecke des Verständnisses erleichternde Formwörter oder Formen der Wörter in Gebrauch kommen.

So konnte sich schon eine formale und hierdurch auch
begriffliche Unterscheidung der Redetheile anbahnen. Aber
wo sie nur vorhanden ist, wird sie schwerlich je vollkommen
durchgeführt werden: in einzelnen Fällen werden die Wörter
noch der unterscheidenden Partikeln ermangeln, in andern

sind die Partikeln des einen Redetheils auch wohl auf den andern anwendbar, und so wird, wenn die Unterscheidbarkeit häufig auch nicht unmöglich ist, doch durch keine strenge Geschiedenheit der Redetheile das Bewusstsein des Unterschiedes scharf hervorgehoben.

Vollkommene Unterscheidung derselben findet sich erst in den Pronominalsprachen: obschon auch hier verschiedene Stadien in ihrer Ausbildung zu bemerken sind. Sie hängt innigst mit der Pronominalbildung zusammen, und von der Anwendung der Pronomina, und ihrer Verbindung und Verschmelzung mit anderen Redetheilen ab.

Aber eine Betrachtung des Wesens der Pronomina und der grossen Bedeutsamkeit ihres Einflusses auf die ganze Sprachentwickelung würde uns zu tief in ein Gebiet der Sprachgeschichte führen, das an sich allerdings äusserst interessant ist, das jedoch einer Abhandlung, deren Ziel blos die Betrachtung des Ursprungs der Sprache ist, fremd sein würde.

Weimar. — Hof-Buchdruckerei.

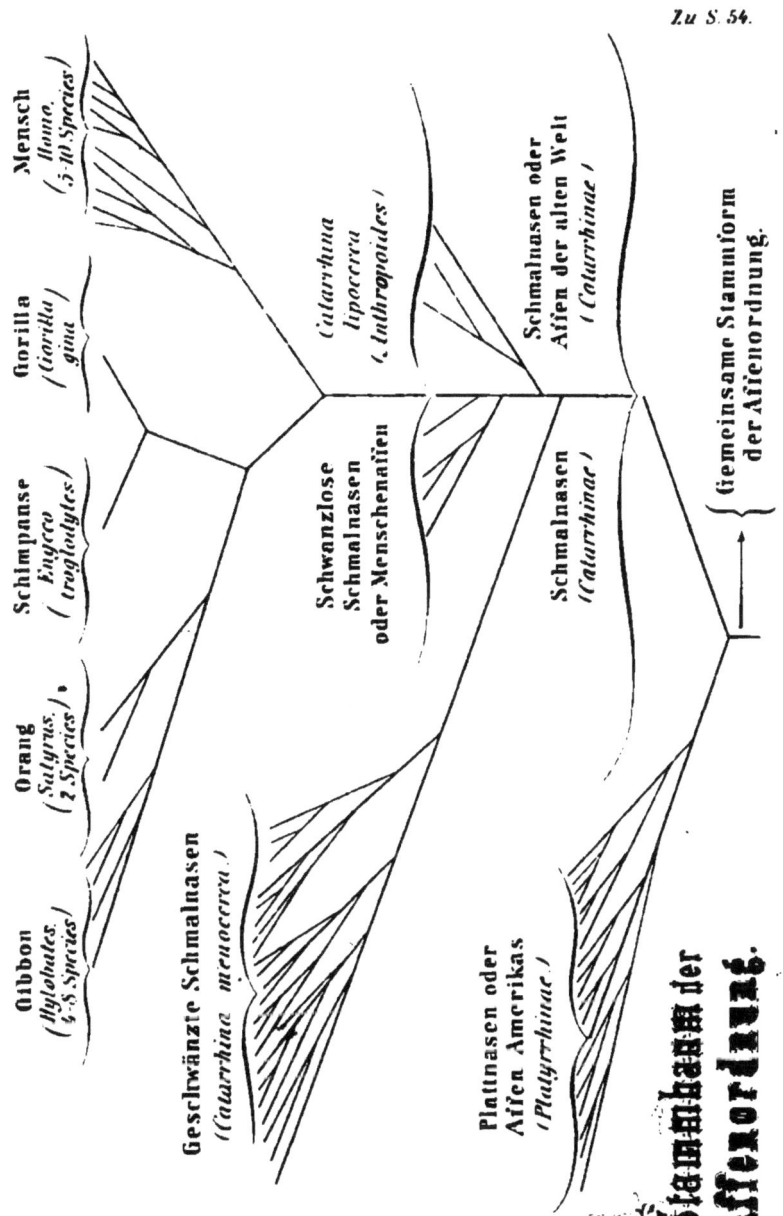

Stammbaum der Affenordnung.

Mensch
(Homo)
(3-10 Species)

Gorilla
(Gorilla)
gina)

Schimpanse
(Engeco
troglodytes)

Orang
(Satyrus)
(2 Species)

Gibbon
(Hylobates)
(4-8 Species)

Geschwänzte Schmalnasen
(Catarrhina menocerca)

Catarrhina
lipocerca
(Anthropoides)

Schwanzlose
Schmalnasen
oder Menschenaffen

Schmalnasen
(Catarrhinae)

Plattnasen oder
Affen Amerikas
(Platyrrhinae)

Schmalnasen oder
Affen der alten Welt
(Catarrhinae)

Gemeinsame Stammform
der Affenordnung.